하루 30분, 나를 위한 웰니스 리추얼
Well-Life, Wellness.

내가 나를 돌보기 시작했습니다.
웰니스 치유 인문학의 여정

서연하 지음

Well-Life, Wellness.
하루 30분, 나를 위한 웰니스 리추얼

내가 나를 돌보기 시작했습니다.
웰니스 치유 인문학의 여정

발 행 일	2025년 11월 21일
지 은 이	서연하
발 행 처	나사랑출판사
편집디자인	서영희
출판사등록	제 570-2024000008호
주 소	경기도 여주시 세종로 145-28
대 표 전 화	010-9143-9693
홈 페 이 지	나사랑.kr
이 메 일	liz9693@naver.com
ISBN	979-11-995585-1-9

ⓒ 나사랑출판사 2025
본 책은 저작권자의 지적 재산으로서 무단 전재와 복제를 금합니다.

하루 30분, 나를 위한 웰니스 리추얼
Well-Life, Wellness.

내가 나를 돌보기 시작했습니다.
웰니스 치유 인문학의 여정

서연하 지음

〈들어가는 말〉

"왜 지금 우리에게 '웰니스 치유 인문학'이 필요한가?"

당신은 오늘, 진정으로 '안녕'하셨습니까?

 아침에 눈을 뜨자마자 밤사이 밀린 메시지를 확인하고, 쉴 틈 없이 올리는 알림 속에서 하루를 시작하지는 않았나요? 잠시의 여유도 허락하지 않는 일정 속에서 몸과 마음이 보내는 작은 신호들을 애써 외면하며, 오늘도 무사히 버텨냈다고 안도하고 있지는 않으신가요?

 우리는 그 어느 때보다 풍요로운 시대에 살고 있습니다. 손가락 하나로 세상의 모든 정보를 얻고, 이전 세대는 상상조차 할 수 없었던 편리함을 누립니다. 하지만 우리의 내면은 정말 그만큼 풍요로워졌을까요? 물질적 결핍은 채워졌을지 몰라도, 설명할 수 없는 허기와 불안, 방향을 잃은 듯한 공허함은 오히려 더 짙어지고 있습니다.

그 이유는 우리가 우리 삶의 가장 중요한 두 가지, '몸'과 '마음'을 오랫동안 분리해왔기 때문입니다. 몸은 성과를 내기 위해 다그쳐야 할 도구로, 마음은 더 많은 지식과 정보를 채워야 할 저장 공간으로 여기며 살아왔습니다. 몸이 아프면 병원에 가고 마음이 힘들면 상담을 받지만, 이 둘이 얼마나 깊숙이 연결되어 서로에게 말을 걸고 있는지, 그 유기적인 관계의 지혜를 잊어버렸습니다. 우리는 '어떻게' 더 빨리 달릴지는 알지만, '왜' 달려야 하는지에 대한 질문을 잊어버렸습니다.

바로 이 지점에서 '웰니스 치유 인문학'의 여정이 시작됩니다. '웰니스(Wellness)'는 단순히 질병이 없는 상태를 넘어, 신체적, 정신적, 사회적으로 건강하고 조화로운 삶을 추구하는 적극적인 태도입니다. '치유(Healing)'는 상처를 없었던 일처럼 지우는 것이 아니라, 상처의 의미를 이해하고 끌어안아 삶의 일부로 통합해나가는 과정입니다. 그리고 '인문학(Humanities)'은 이 모든 여정 속에서 길을 잃지 않도록 도와주는 수천 년 인류의 지혜가 담긴 지도입니다. 철학자들의 깊은 사유와 현인들의 통찰 속에서 우리는 나 자신을 이해하고, 삶의 의미를 발견하는 실마리를 얻을 수 있습니다.

저 또한 한때 제 삶의 운전대를 놓쳐버린 채, 세상의 속도에 떠밀려 허덕이던 시간이 있었습니다. 몸과 마음이 따로 분리된 채 방황하며 수많은 밤을 헤매고 나서야 깨달았습니다. 진정한 해답은 더 대단한 무언가를 성취하는 바깥세상에 있는 것이 아니라, 나의 일상 속 아주 작은 습관들을 돌보는 내면의 세상에 있다는 것을요.

 이 책은 그 깨달음의 기록이자, 당신과 함께 걷고 싶은 여정의 초대장입니다. 네 가지 문을 차례로 열어보려 합니다.

첫 번째 문, '명상'을 통해 멈춤과 고요함 속에서 내면의 소리를 듣는 법을 배웁니다.
두 번째 문, '식단'을 통해 내 몸을 진정으로 살리는 지혜로운 채움에 대해 이야기합니다.
세 번째 문, '운동'을 통해 굳어진 몸을 깨우고 살아있는 생명력을 회복하는 즐거움을 나눕니다.
네 번째 문, '심리'를 통해 내 마음의 무늬를 이해하고 삶의 궁극적인 의미를 찾아 나아갑니다.

 이 네 가지는 흩어져 있는 건강 정보의 나열이 아닙니다. 이들은 서로 단단히 연결되어 '나'라는 집을 받치는 네 개의 기둥과도 같습니다. 이 책은 당신에게 완벽한 정답을 제시하는 지침서가 아닙니다. 대신, 당신 스스로 질문을 던지고, 자신만의 답을 찾아갈 수 있도록 돕는 다정한 안내자가 되어줄 것입니다.

이제, 세상의 소음은 잠시 줄이고 당신의 몸과 마음에 온전히 집중할 시간입니다. 이 책의 마지막 장을 덮을 때쯤, 당신이 이전보다 조금 더 자기 자신과 가까워지고, 삶을 온전히 사랑하게 되었기를 진심으로 바랍니다.

자, 그럼 함께 떠나볼까요? 당신의 가장 온전한 모습을 만나러 가는 길입니다.

"물질적 풍요 속 마음의 허기, 그 이유는?"

물질적으로 풍요로운 사회에서 많은 사람들이 오히려 마음의 허기를 느끼는 이유는 정신적 가치의 결핍과 관계의 단절 때문입니다. 과거에 비해 생존의 위협은 크게 줄었지만, 그 자리를 채워야 할 삶의 의미, 깊은 유대감, 그리고 내면의 만족감을 찾지 못해 공허함을 느끼는 경우가 많습니다.

의미와 목적의 부재
과거 공동체 사회에서는 개인의 역할과 삶의 목적이 비교적 명확했습니다. 하지만 현대 사회는 개인에게 무한한 자유를 주는 동시에, 삶의 의미를 스스로 찾아야 하는 무거운 과제를 안겨주었습니다. 생존 문제가 해결되자 사람들은 "무엇을 위해 사는가?"라는 근본적인 질문에 부딪히게 되었고, 이 질문에 대한 답을 찾지 못할 때 깊은 공허함을 느끼게 됩니다. 오스트리아의 정신과 의사 빅터 프랭클은 이를 '실존적 공허'라고 칭하며, 인간에게는 살아야 할 이유와 의미를 찾으려는 의지가 가장 중요하다고 강조했습니다.

소비주의와 '쾌락의 쳇바퀴'

현대 사회는 끊임없는 소비를 통해 행복을 찾으라고 부추깁니다. 새로운 물건을 사거나 특별한 경험을 할 때 잠시 만족감을 느끼지만, 그 기쁨은 금방 사라지고 더 큰 자극을 원하게 됩니다. 이를 '쾌락의 쳇바퀴(Hedonic Treadmill)' 현상이라고 부릅니다. 물질적 소유가 주는 만족감은 일시적이며, 행복의 기준을 외적인 것에 둘수록 내면의 허기는 더욱 커질 수밖에 없습니다. 진정한 만족감은 소유가 아닌 존재의 의미에서 비롯되기 때문입니다.

관계의 단절과 고립감

기술의 발전으로 온라인에서는 수많은 사람과 연결될 수 있게 되었지만, 정작 깊은 정서적 유대를 맺는 진실한 관계는 줄어들고 있습니다. SNS를 통해 타인의 행복해 보이는 삶을 끊임없이 접하면서 자신의 삶과 비교하게 되고, 이는 상대적 박탈감과 고립감을 심화시킵니다. 인간은 사회적 동물로서 소속감과 친밀한 유대감을 통해 안정과 행복을 느낍니다. 진정한 소통이 부재한 피상적인 관계 속에서는 함께 있어도 외로움을 느끼며 마음의 허기를 채우기 어렵습니다.

결론적으로, 물질적 풍요가 마음의 풍요를 보장하지는 않습니다. 오히려 생존의 문제가 해결된 지금, 우리는 삶의 의미, 진정한 관계, 그리고 내면의 가치와 같은 비물질적 요소들을 통해 마음의 허기를 채우고 진정한 행복을 찾아야 하는 새로운 과제에 직면해 있습니다.

"몸과 마음은 어떻게 연결되는가?"

 몸과 마음은 분리된 것이 아니라, 하나의 통합된 시스템으로 서로 끊임없이 영향을 주고받습니다. 마음의 상태가 몸의 건강을 좌우하고, 몸의 컨디션이 다시 마음에 영향을 미치는 양방향 소통이 실시간으로 일어납니다. 이러한 통합적 관점은 질병을 치료하고 건강을 증진하는 데 매우 중요합니다.

마음이 몸에게 말을 거는 경로

 마음의 생각과 감정은 눈에 보이지 않는 신경전달물질과 호르몬을 통해 몸 전체에 즉각적으로 신호를 보냅니다.

자율신경계 스트레스를 받거나 불안을 느끼면, 뇌는 자율신경계의

'교감신경'을 활성화시킵니다. 이는 심장 박동을 빠르게 하고, 혈압을 높이며, 근육을 긴장시키는 등 '투쟁-도피' 반응을 일으킵니다. 만성적인 스트레스는 이 상태를 지속시켜 면역력을 떨어뜨리고 각종 질병의 원인이 됩니다. 반대로 명상이나 깊은 호흡으로 '부교감신경'이 활성화되면 몸은 이완되고 회복 모드로 들어갑니다.

호르몬 정신적 스트레스는 '코르티솔'과 같은 스트레스 호르몬 분비를 촉진합니다. 코르티솔은 단기적으로는 신체 에너지 동원에 도움을 주지만, 장기적으로는 면역 체계를 약화시키고, 염증을 유발하며, 수면 장애와 소화 불량의 원인이 됩니다.

몸이 마음에게 보내는 신호

몸의 상태 역시 마음에 직접적인 영향을 줍니다.
 장-뇌 축 (Gut-Brain Axis) '제2의 뇌'라고 불리는 장은 뇌와 긴밀하게 연결되어 있습니다. 장내 미생물 환경이 좋지 않으면 불안이나 우울감을 느낄 확률이 높아집니다. 건강한 식단이 기분 개선에 도움이 되는 것은 바로 이 때문입니다.

신체 활동 규칙적인 운동은 엔도르핀과 같은 '행복 호르몬' 분비를 촉진하여 기분을 좋게 하고 스트레스를 해소합니다. 오랫동안 앉아만 있거나 신체 활동이 부족하면 무기력감과 우울감을 느끼기 쉬운 것도 몸과 마음이 연결되어 있다는 증거입니다.

통합적 관점이 중요한 이유

 몸과 마음의 연결성을 이해하는 것은 단순히 흥미로운 과학적 사실을 아는 것을 넘어섭니다. 이는 우리의 건강을 바라보는 관점을 근본적으로 바꾸기 때문입니다.

 두통이 있을 때 진통제만 먹는 것은 증상만을 다루는 것입니다. 통합적 관점에서는 '혹시 스트레스 때문은 아닐까?', '수면은 충분했나?'와 같이 마음의 상태와 생활 습관까지 함께 점검합니다. 이처럼 몸의 문제를 마음과 함께, 마음의 문제를 몸과 함께 다룰 때 우리는 비로소 근본적인 치유와 온전한 건강에 다가갈 수 있습니다.

스스로를 돌보는 삶의 기술, '나'를 찾아가는 여정의 시작

 '스스로를 돌보는 삶의 기술'은 잃어버렸거나 혹은 한 번도 제대로 들여다본 적 없던 진짜 '나'를 찾아가는 여정의 가장 중요한 첫걸음입니다. 이 여정은 거창한 목표를 세우는 것이 아니라, 나의 일상으로 시선을 돌려 작은 순간들을 나를 위해 사용하는 것에서부터 시작됩니다.

왜 '돌봄'이 여정의 시작인가?

많은 사람들이 '나를 찾는다'고 할 때, 특별한 경험이나 여행, 혹은 큰 성취를 통해 무언가 극적인 깨달음을 얻어야 한다고 생각합니다. 하지만 진정한 나는 그런 이벤트 속에 숨어 있는 것이 아니라, 나의 매일매일의 감정과 몸의 상태, 생각의 흐름 속에 존재합니다. 스스로를 돌본다는 것은 바로 이 일상 속의 나에게 온전히 주의를 기울이고, 나의 필요를 채워주는 행위입니다.

몸을 돌보는 것은 단순히 건강을 유지하는 것을 넘어, 지금 내가 어떤 감각을 느끼고 있는지, 어디가 불편하고 어디가 편안한지 알아차리며 '나'라는 존재의 그릇을 단단하게 만드는 일입니다.

마음을 돌보는 것은 복잡한 생각의 소음 속에서 잠시 벗어나, 지금 내가 진정으로 무엇을 느끼고 원하는지 듣는 시간입니다. 이 고요함 속에서 우리는 비로소 진짜 나의 목소리를 들을 수 있습니다.

이처럼 돌봄의 행위는 나 자신과 친밀한 관계를 맺는 과정이며, 이 관계가 깊어질 때 비로소 '나'라는 사람의 모습이 선명하게 드러나기 시작합니다.

'나'를 찾아가는 여정, 첫걸음 내딛기

1. 아주 작은 '나만의 시간' 확보하기

 하루에 단 10분이라도 좋습니다. 외부의 방해 없이 오롯이 혼자 있는 시간을 의식적으로 만들어 보세요. 스마트폰을 내려놓고, 창밖을 멍하니 바라보거나, 따뜻한 차 한 잔을 천천히 마시는 것만으로도 충분합니다. 이 시간은 세상을 향해 열려 있던 나의 에너지를 온전히 나에게로 되돌리는 신성한 의식입니다.

2. 나의 감각에 집중해 보기

 지금 무엇이 보이고, 어떤 소리가 들리고, 무슨 냄새가 나나요? 입고 있는 옷의 감촉은 어떤가요? 우리는 늘 생각에 빠져 있느라 지금 이 순간의 감각을 놓치고 삽니다. 아침에 마시는 커피의 향을 깊게 맡아보거나, 샤워할 때 몸에 닿는 물의 감각에 집중해 보세요. 흩어져 있던 의식이 '지금, 여기'의 나에게로 돌아오는 것을 느낄 수 있습니다.

3. "지금 내 기분이 어때?" 스스로에게 질문하기

 우리는 타인의 기분은 세심하게 살피면서 정작 자신의 기분은 무시할 때가 많습니다. 하루에 몇 번씩, 잠시 멈추고 스스로에게 질문을 던져보세요. "지금 내 마음이 편안한가?", "혹시 불안하거나 불편하지는 않은가?" 정답을 찾으려 애쓰지 않아도 괜찮습니다. 그저 질문을 던지고 내 마음을 들여다봐 주는 것만으로도 스스로를 돌보는 강력한 실천이 됩니다.

이 작은 시작들이야말로 진정한 의미의 자기 발견입니다. 스스로를 돌보는 기술은 특별한 재능이 아니라, 자전거 타기처럼 연습을 통해 익숙해지는 습관입니다.

오늘, 당신을 위한 첫걸음을 내디뎌 보세요. 그 길의 끝에는 세상 누구보다 당신과 가장 친한 친구가 된, 진짜 '나'를 만나게 될 것입니다.

'오늘도 나를 위해'
Well-Life, Wellness.
서연하

이 책을 펼치며

왜 지금 우리에게 '웰니스 치유 인문학'이 필요한가?

물질적 풍요 속 마음의 허기, 그 이유는?

몸과 마음은 어떻게 연결되는가?

스스로를 돌보는 삶의 기술, '나'를 찾아가는 여정의 시작

Part 1. 멈춤과 알아차림의 시간: 명상

1장: 고요함 속에서 나를 만나다 _ 20

- 명상이란 무엇인가? (종교가 아닌, 뇌과학적 접근)
- 생각의 소음에서 벗어나는 법: 알아차림(Mindfulness)의 힘
- 인문학 속 명상: 스토아 철학에서 배우는 마음 평온의 기술

2장: 일상에서 실천하는 마음챙김 _ 31

- 호흡 명상: 가장 단순하고 가장 강력한 도구
- 바디스캔: 내 몸의 소리에 귀 기울이기
- 자비 명상: 나 자신과 세상을 향한 따뜻한 시선
- 걷기 명상, 먹기 명상: 일상을 치유의 순간으로 만드는 법

Part 2. 몸과 마음을 채우는 지혜: 식단

1장: 당신이 먹는 것이 바로 당신이다 _ 54

- 음식과 감정의 연결고리: '감정적 허기'와 '신체적 허기' 구분하기
- 나의 몸은 무엇을 원하는가: 직관적 식사의 원칙
- 식(食)의 인문학: 함께 나누는 식사의 의미와 공동체의 회복

2장: 나를 살리는 건강한 식탁 _ 67

- 마음을 안정시키는 음식, 불안을 더하는 음식
- 장-뇌 연결: 제2의 뇌, 장 건강의 중요성
- '음식 일기'를 통한 나만의 식단 찾기
- 의식적으로 먹기: 음식의 색, 향, 맛에 집중하는 식사 명상

table of contents

Part 3. 움직임 속에 깃든 생명력: 운동

1장: 몸을 움직인다는 것의 의미 _ 86

- 운동은 처벌이 아닌, 나를 위한 선물
- 몸의 지혜를 깨우다: 신체 감각 회복의 중요성
- 그리스 철학자들이 사랑한 걷기 예찬: 움직이며 사유하기

2장: 나에게 맞는 즐거운 움직임 찾기 _ 98

- 지속 가능한 운동 습관 만들기
- 자연 속으로: 걷기, 등산이 주는 치유의 힘
- 춤, 그리고 자유: 몸으로 나를 표현하는 즐거움

Part 4. 삶의 의미를 찾아가는 여정: 심리

1장: 내 마음의 무늬를 이해하기 _ 110

- 감정은 신호등: 내 안의 감정들을 제대로 읽는 법
- 스트레스와의 건강한 동행: 회복탄력성의 심리학
- 상처와 마주할 용기: '상처 입은 치유자'의 가능성

2장: 의미를 발견하고 나답게 살아가기 (의미치료 핵심 파트) _ 125

- 빅터 프랭클의 의미치료: 어떤 상황에서도 삶의 의미는 존재한다
- 고통을 대하는 태도: 시련을 성장의 발판으로 바꾸는 법
- 창조 가치, 경험 가치, 태도 가치: 일상에서 의미를 찾는 세 가지 길
- 나만의 '삶의 의미 선언문' 작성하기

Part 1.

멈춤과 알아차림의 시간
명상

1장
고요함 속에서 나를 만나다

명상이란 무엇인가? (종교가 아닌, 뇌과학적 접근)

처음 명상을 시작했을 때, 저는 그저 '마음을 비우는 것'이라고 막연하게 생각했습니다. 하지만 명상은 비움이 아니라, 오히려 뇌를 적극적으로 '훈련'시키는 과정에 가까웠습니다. 복잡했던 마음이 차분해지는 것을 '체험'하면서, 저는 그 원리가 궁금해졌습니다.

 명상은 신비로운 영역이 아니라, 우리 뇌를 가장 과학적으로 재

설계하는 '기술'이었습니다. 제가 직접 겪고 알게 된 뇌의 놀라운 변화들을 독자님과 공유하고 싶습니다.

명상을 할 때, 우리 뇌는 '주의력 조절'과 '감정 조절'이라는 두 가지 핵심 활동을 훈련합니다. 이 과정에서 뇌의 여러 부분이 활발하게 상호작용 합니다.

1. 전두엽 (Prefrontal Cortex) 집중력의 사령탑

역할 '뇌의 CEO'라 불리는 이 부분은 집중, 판단, 의사결정 같은 고차원적인 사고를 담당합니다.

명상 중 작용 우리가 호흡이나 신체 감각에 의식적으로 집중하려 할 때, 이 영역이 활성화됩니다. 마치 헬스장에서 아령을 들어 올리듯 '집중력 근육'을 사용하는 셈이죠. 수많은 생각들 속에서 주의를 다시 '지금, 여기'로 가져오는 연습을 반복하면서, 전두엽의 기능은 실제로 강화됩니다.

2. 편도체 (Amygdala) 감정의 경보 시스템

역할 불안, 공포 같은 감정을 처리하며, 스트레스 상황에서 '투쟁-도피' 반응을 일으키는 경보 장치입니다.

명상 중 작용 명상을 통해 감정을 판단 없이 그저 바라보는 연습을 하면, 이 경보 장치의 과도한 활성도가 '진정되는' 경험을 하게 됩니다. 스트레스 상황에서도 감정적인 경보가 시끄럽게 울리는 것을 막고, 한발 물러서서 침착하게 반응할 힘을 길러주죠. 꾸준히 명상을 한 사람의 뇌는 이 편도체의 크기가 물리적으로 줄어드는 변화가 관찰되기도 했습니다.

3. 기본 모드 네트워크 (Default Mode Network, DMN) 생각의 공회전 장치

역할 우리가 멍하니 있을 때, 뇌가 저절로 과거를 후회하거나 미래를 걱정하도록 만드는 '마음의 방황' 네트워크입니다.

명상 중 작용 명상은 바로 이 DMN의 활동을 의도적으로 줄이는 훈련입니다. 불필요한 생각의 공회전을 멈추고 '지금, 여기'에 머무는 연습을 통해, 우리는 잡념에 휘둘리지 않고 마음의 평온을 '되찾게' 됩니다.

결론 명상은 '뇌를 재설계하는 기술'입니다. 결국 명상은 신비로운 체험이기에 앞서, 다음과 같은 뇌과학적 원리를 기반으로 한 체계적인 '훈련'이었습니다.

산만했던 제 주의력을 또렷하게 만들고 (전두엽 단련)
감정의 파도에 휩쓸리지 않게 저를 지켜주며 (편도체 안정)
끊임없는 걱정과 후회에서 저를 해방시켜 주었습니다 (DMN 활동 감소)

이것은 종교나 신념의 문제가 아닙니다. 누구나 자신의 뇌를 최적화하고 정신적 건강을 되찾기 위해 실천할 수 있는, 가장 과학적인 '두뇌 트레이닝'입니다.

생각의 소음에서 벗어나는 법: 알아차림(Mindfulness)의 힘

혹시 머릿속이 너무 시끄러워서 잠들기 어려운 밤이 있지 않았나요? 혹은 과거의 후회와 미래에 대한 걱정이 꼬리에 꼬리를 물고 이어져, 정작 '지금'을 놓치고 있진 않았나요?

저도 그랬습니다.

제 머릿속은 꺼지지 않는 라디오처럼 늘 소란스러웠습니다. 바로 이 '생각의 소음'에서 벗어나게 해주는 가장 강력한 도구가 '알아차림'이었습니다. 이것은 생각을 억지로 없애거나 싸우는 것이 아닙니다. 오히려 생각의 흐름을 한 발짝 떨어져 조용히 바라보는 '마음의 관찰력'을 기르는 훈련입니다.

'생각의 소음'이란 무엇일까요?

우리 뇌는 가만히 있어도 끊임없이 무언가를 생각하도록 설계되어 있습니다. 앞서 말한 '기본 모드 네트워크(DMN)'가 쉬지 않고 일하기 때문입니다. 문제는 이 생각들이 대부분 과거에 대한 후회나 미래에 대한 걱정이라는 점이죠. 우리는 이 생각의 흐름에 자신도 모르게 빠져듭니다. 마치 소음 가득한 라디오 채널을 계속 듣는 것처럼 불필요한 감정 소모와 스트레스를 겪게 됩니다. 이것이 바로 제가 경험한 '생각의 소음'입니다.

알아차림, 소음을 끄는 스위치

알아차림은 마치 이 시끄러운 라디오의 볼륨을 줄이고, 지금 이 순간으로 주의를 돌리는 '의식의 전환 기술'과 같습니다. 저도 처음엔 이 차이가 와닿지 않았습니다. 아마 독자님도 비슷할지 모릅니다.

생각의 소음에 빠진 상태 (과거의 나)

"아, 내일 강의 걱정된다. 실수하면 어떡하지? 지난번에도 망쳤는데…."(생각과 나를 동일시하며 불안에 휩싸입니다.)

알아차림 상태 (지금의 나)

"아, '내일 발표가 걱정된다'는 생각이 떠오르고 있네. 심장이 좀 빨리 뛰는구나. 걱정이라는 감정이 느껴진다." (생각과 감정을 그저 '하나의 현상'으로 바라봅니다.)

이것이 핵심입니다. 생각의 내용에 빠져 허우적대는 대신, '아, 이런 생각이 떠오르는구나' 하고 객관적으로 '알아차리는' 것입니다. 마치 흐르는 강물을 언덕 위에서 바라보듯, 생각들이 그저 나타났다가 사라지는 것을 판단 없이 지켜보는 것이죠.

이 '관찰'의 힘이 생각과 나 사이에 '공간'을 만들어줍니다. 바로 그 공간에서 우리는 비로소 평온과 자유를 '경험'하게 됩니다.

일상에서 생각의 소음 벗어나기

'닻(Anchor)'을 내리세요.
 의식을 고정할 닻을 하나 정합니다. 가장 쉽고 강력한 닻은 바로 '호흡'입니다. 생각의 소음이 시끄러워질 때, 의식적으로 주의를 코끝을 스치는 숨결이나, 숨을 쉴 때 부풀어 오르는 배의 움직임에 '가져와 보세요'.

생각에 가만히 '이름표'를 붙여봅니다.
 생각이 떠오를 때, 그 내용에 빠지는 대신 '걱정', '판단', '계획'처럼 마음속으로 가볍게 이름표를 붙여보는 거죠. "아, '걱정'이라는 생각이 지나가네" 하고 알아차리기만 해도, 신기하게 생각과 거리를 둘 수 있습니다.

감각을 깨우세요.
 현재 순간으로 돌아오는 가장 빠른 방법은 '오감'을 사용하는 것입니다. 손에 쥔 컵의 따뜻함, 발바닥이 땅에 닿는 느낌, 멀리서 들려오는 소리... 지금 이 순간의 감각을 느껴보세요. 감각에 집중하는 동안 생각의 소음은 자연스럽게 멀어집니다.

 알아차림은 특별한 능력이 아닙니다. 저처럼 생각이 많던 사람도 꾸준한 연습을 통해, 시끄러운 생각의 소음에서 벗어나 '지금, 여기'의 평온함 속에 머무는 힘을 기를 수 있었습니다.

인문학 속 명상: 스토아 철학에서 배우는 마음 평온의 기술

명상을 통해 제 마음을 들여다보는 연습을 하면서, 저는 놀랍게도 아주 오래된 철학인 '스토아 철학'과 만나게 되었습니다.

수천 년 전 철학자들이 고민했던 마음의 문제와 그 해법이, 제가 호흡을 통해 찾으려 했던 '마음의 평온'과 정확히 맞닿아 있었죠.

호흡을 가다듬는 것이 '신체적 명상'이라면, 스토아 철학은 '정신적 명상', 즉 마음의 근육을 단련하는 기술이었습니다.

핵심 원칙 통제할 수 있는 것과 없는 것을 구분하는 '용기'
스토아 철학의 핵심 기술은 세상의 모든 일을 '내가 통제할 수 있는 것'과 '내가 통제할 수 없는 것'으로 나누어 인식하는 '용기'에서 시작합니다.

통제할 수 없는 것 타인의 평가, 경제 상황, 날씨, 질병, 심지어 죽음까지. 내 의지 밖의 모든 외부 사건입니다.

통제할 수 있는 것 나의 생각, 판단, 태도, 의지. 즉, 그 외부 사건에 대한 나의 '반응'입니다.

스토아 철학자들의 이 통찰은 제게 큰 울림을 주었습니다. 우리가 고통받는 이유는 불행한 사건 그 자체가 아니라, 그 사건에 대한 우리의 잘못된 판단과 반응 때문이라는 것이죠. 예를 들어, 교통체증 때문에 화가 나는 것은 '차가 막힌다'는 외부 사건 때문이 아니라, '차가 막히면 안 된다'는 나의 조급한 마음, 즉 '통제할 수 있는 나의 반응' 때문이라는 것을요.

 이 원리를 받아들이는 순간, 우리는 통제할 수 없는 외부 상황에 대한 불필요한 저항과 분노를 멈추고, 오롯이 통제 가능한 나의 내면에 집중할 수 있게 됩니다. 이것이 마음 평온을 향한 첫걸음입니다.

스토아 철학에서 배운 마음 훈련법 (정신적 명상)

1. 부정의 시각화 (Premeditatio Malorum)

 매일 아침, 하루 동안 일어날 수 있는 최악의 상황들을 미리 상상해보는 훈련법입니다. '오늘 중요한 회의를 망칠 수도 있다', '누군가에게서 무례한 말을 들을 수도 있다'고요.

 이는 불안을 키우기 위함이 아닙니다. 오히려 막상 어려운 일이 닥쳤을 때 "이 정도는 예상했던 일이야"라며 차분하게 대처할 수 있는 '마음의 예방주사'를 맞는 셈이죠. 이를 통해 우리는 예상치 못한 불운에 대한 충격을 줄이고 마음의 회복탄력성을 기를 수 있습니다.

2. 운명애 (Amor Fati) 당신의 운명을 사랑하라

 나에게 일어나는 모든 일, 심지어 고통스럽고 힘든 일까지도 내 삶에 필요하기에 일어난 과정으로 받아들이고 사랑하려는 태도입니다. "왜 나에게 이런 일이?"라며 저항하는 대신, "이 경험을 통해 나는 무엇을 배울 수 있을까?"라고 질문을 '전환'하는 용기입니다. 이는 피할 수 없는 현실을 긍정적으로 재해석함으로써, 좌절을 성장의 발판으로 삼는 고도의 정신 기술입니다.

3. 저녁의 성찰 (The Evening Review)

 하루를 마무리하며 자신의 행동과 판단을 객관적으로 되돌아보는 시간을 갖는 것입니다. 스토아 철학자 세네카는 매일 밤 스스로에게 이렇게 물었다고 합니다.

"오늘 나의 어떤 나쁜 습관을 고쳤는가?"
"어떤 유혹에 저항했는가?"
"어떤 점에서 더 나아졌는가?"

 이는 '자책'이 목적이 아니라, 내일 더 나은 판단과 반응을 하기 위한 '자기 분석의 시간'입니다. 저도 이 방법을 따라 매일 밤 짧게나마 스스로를 돌아보려 노력합니다. 이 꾸준한 성찰의 과정이 우리를 더 지혜롭고 평온한 마음 상태로 이끌어줍니다.

결론적으로, 스토아 철학은 우리에게 외부의 소음과 사건에 휘둘리지 않고, 내면의 굳건한 성채(Inner Citadel)를 지키는 법을 가르쳐주었습니다. 이는 호흡에 집중하는 명상처럼, 우리의 생각과 판단을 의식적으로 관찰하고 훈련함으로써 마음의 평온을 얻는, 매우 지적이고 실용적인 '명상법'입니다.

2장
일상에서 실천하는 마음챙김

호흡 명상: 가장 단순하고 가장 강력한 도구

 제가 수많은 명상법을 시도해봤지만, 결국 가장 자주 돌아오게 되는 것은 '호흡 명상'이었습니다. 특별한 도구나 장소 없이 '숨'만 있다면 언제 어디서든 할 수 있는 가장 단순한 방법이자, 흩어진 저의 몸과 마음을 '지금, 여기'로 되돌려 놓는 가장 강력한 도구였죠.

왜 '숨'이 가장 강력한 도구였을까요?

제가 경험하고 깨달은 이유는 두 가지입니다.

숨은 언제나 '현재'에 존재했습니다.
 제 마음은 늘 과거에 대한 후회나 미래에 대한 걱정으로 끊임없이 방황했습니다. 하지만 숨은 그렇지 않았습니다. 숨은 과거나 미래에 쉴 수 없으며, 반드시 '지금 이 순간'에만 존재합니다. 따라서 제가 의식을 호흡에 집중하는 순간, 제 마음은 방황을 멈추고 자연스럽게 현재로 돌아왔습니다. 숨은 흩어진 제 마음을 현재로 묶어두는 가장 확실한 '닻(Anchor)'이 되어주었습니다.

몸과 마음을 잇는 유일한 '다리'임을 깨달았습니다.
 호흡은 우리가 의식적으로 조절할 수 있는 거의 유일한 자율신경계 활동입니다. 심장 박동이나 소화는 제 마음대로 조절할 수 없지만, 호흡은 의식적으로 느리게 하거나 깊게 할 수 있었습니다. 불안하고 긴장하면 저도 모르게 숨이 가빠졌고, 마음이 평온하면 숨이 고요해졌습니다. 저는 이 원리를 역으로 이용해 보았습니다. 의도적으로 호흡을 차분하고 깊게 조절하자, 뇌는 '지금은 안전하고 평온한 상태'라고 인식하며 불안감을 가라앉혔습니다. 호흡은 제 마음과 몸이 소통하는 가장 직접적인 통로였습니다.

호흡 명상, 어떻게 시작할까요?

제가 호흡 명상을 처음 시작했을 때, 숨을 '잘 쉬어야 한다'는 강박이 있었습니다. 하지만 호흡 명상의 목표는 숨을 '바꾸는 것'이 아니라, 그저 있는 그대로의 숨을 '알아차리는 것'임을 깨닫는 데는 시간이 걸렸습니다.

편안한 자세 찾기 의자에 허리를 펴고 앉거나, 바닥에 편안하게 앉습니다. 저는 눕게 되면 잠들기 쉬워서 가급적 앉는 것을 선호합니다. 척추를 바로 세워 숨이 편안하게 드나들 수 있는 길을 만들어 줍니다. 눈은 부드럽게 감거나, 45도 아래 바닥의 한 점을 응시합니다.

호흡에 주의 집중하기 마치 처음 숨을 쉬어보는 사람처럼, 자신의 호흡에 온전히 주의를 기울여 봅니다. 숨이 들어올 때 코끝을 스치는 공기의 감촉, 약간 차가운 느낌을 느껴봅니다. 숨이 나갈 때 코끝을 스치는 공기의 조금 더 따뜻한 감촉을 느껴봅니다. 혹은 숨을 쉴 때마다 부풀어 오르고 가라앉는 배의 움직임에 집중해도 좋습니다. 저에게는 이 방법이 좀 더 쉬웠습니다.

생각이 떠오를 때 친절하게 알아차리고 돌아오기

명상을 하다 보면 '반드시' 다른 생각이 떠오릅니다. 이는 너무나 자연스러운 뇌의 활동입니다. 저도 그랬고, 지금도 그렇습니다. 생각이 떠올랐다는 사실을 알아차렸을 때, "난 왜 이리 집중력이 약하지?" 하고 자책하지 않는 것이 중요합니다. 그저 "아, 생각이 떠올랐구나"하고 친절하게 알아차린 뒤, 다시 부드럽게 주의를 호흡으로 가져오면 됩니다. 딴생각을 100번 하더라도, 100번 알아차리고 다시 호흡으로 돌아오는 것, 바로 그 '과정 자체'가 훌륭한 명상 훈련입니다.

짧게, 그리고 꾸준하게

저도 처음엔 5분을 넘기기 어려웠습니다. 긴 시간 억지로 앉아 있는 것보다, 짧더라도(단 3분이라도) 매일 꾸준히 '숨과 함께 머무는 시간'을 갖는 것이 뇌를 훈련시키는 데 훨씬 효과적이었습니다. 이 단순한 과정의 반복을 통해, 우리는 생각의 소음에 휘둘리지 않고 스스로 마음의 평온을 되찾는 힘을 기를 수 있습니다. 그것이 바로 호흡 명상이 가진 단순함 속의 강력함입니다.

바디스캔 내 몸의 소리에 귀 기울이기

 솔직히 고백하자면, 저는 오랫동안 제 몸을 목적을 위한 '도구'로만 여겼습니다. 하지만 몸은 매 순간 수많은 감각과 정보를 담고 있는 '지혜로운 집'과 같았습니다.
 바디스캔(Body Scan) 명상은 머릿속 생각의 소음에서 벗어나, 우리 몸이 보내는 미세한 신호에 귀를 기울이는 훈련입니다.

 제게는 이 '집'을 구석구석 세심하게 살피며, 그동안 무시하고 지나쳤던 제 몸의 진짜 소리를 듣는 시간이었습니다.

왜 바디스캔이 중요할까요?

몸과 마음의 연결을 회복합니다.

 저는 스트레스, 불안, 피로 같은 마음의 상태가 어깨 뭉침, 소화 불량, 얕은 호흡 등 몸의 감각으로 가장 먼저 나타나는 것을 경험했습니다. 바디스캔을 통해 이러한 신체 감각을 알아차리는 연습을 하자, 제 감정 상태를 더 빨리 파악하고 돌볼 수 있게 되었습니다. 몸의 소리를 듣는 것은 곧 마음의 소리를 듣는 것이었습니다.

불필요한 긴장을 이완시킵니다.

 우리는 자신도 모르게 몸의 특정 부위에 힘을 주고 긴장한 채 살아갑니다. 바디스캔은 마치 손전등으로 어두운 방을 비추듯, 우리 몸의 각 부위에 차례로 '주의력'이라는 빛을 비추는 과정입니다. 제 경험상, 그저 빛을 비추는 것만으로도 그 부위에 뭉쳐 있던 불필요한 긴장이 스르르 풀리는 것을 느낄 수 있었습니다.

판단 없이 '있는 그대로' 수용합니다.

 이 부분이 저에게는 가장 어려우면서도 중요했습니다. 바디스캔의 목표는 통증이나 불편함을 억지로 없애는 것이 아닙니다. '왼쪽 어깨가 뻐근하구나', '발바닥이 따뜻하구나' 처럼, 지금 느껴지는 감각을 좋다/나쁘다 판단하지 않고 그저 있는 그대로 알아차리는 것이 핵심입니다. 이러한 비판단적인 태도는 제 몸뿐만 아니라, 삶의 다른 영역에서도 불필요한 저항과 괴로움을 줄여주는 지혜를 길러주었습니다.

바디스캔 명상, 어떻게 할까요?

편안하게 눕기

등을 바닥에 대고 편안하게 눕습니다. (물론 의자에 앉아서 해도 괜찮습니다.) 팔은 몸 옆에 자연스럽게 두고, 다리는 살짝 벌려 몸의 긴장을 완전히 풀어줍니다. 눈은 감는 것이 좋지만, 불편하면 뜨고 있어도 괜찮습니다.

호흡으로 시작하기

먼저 심호흡을 서너 번 하며, 몸의 무게가 바닥으로 깊숙이 가라앉는 것을 느껴봅니다. 이제부터 호흡은 자연스럽게 두되, 의식의 초점을 몸의 각 부분으로 옮겨갈 것입니다.

발끝에서 시작하기

먼저 의식을 왼쪽 발의 발가락 끝으로 가져가 봅니다. 발가락 하나하나에 어떤 감각이 있는지 느껴보세요. 따뜻함, 차가움, 저릿함, 혹은 아무 느낌이 없을 수도 있습니다. 어떤 느낌이든 괜찮습니다. 이제 발바닥, 발등, 발뒤꿈치, 발목으로 주의를 천천히 옮겨갑니다. 저는 숨을 들이쉴 때, 신선한 공기가 그 부위로 들어온다고 상상하고, 내쉴 때 그 부위의 긴장이 빠져나간다고 상상하는 것이 도움이 되었습니다. 왼쪽 발 전체를 느껴본 뒤, 같은 방식으로 오른쪽 발도 스캔합니다.

몸 전체를 따라 올라가기

다리(종아리, 무릎, 허벅지), 골반과 엉덩이, 배와 허리, 가슴과 등, 팔과 손(어깨부터 손가락 끝까지), 목과 어깨(많은 긴장이 쌓여있는 곳이죠), 그리고 얼굴(턱, 입, 코, 눈, 미간, 이마)까지. 나도 모르게 짓고 있던 미세한 표정이나 긴장을 그저 '알아차려' 봅니다.

정수리에서 마무리하기

정수리 끝까지 스캔한 뒤, 마지막으로 몸 전체를 하나의 큰 그릇처럼 느껴봅니다. 숨이 몸 전체로 들어오고 나가는 것을 느끼며 2~3분간 머무릅니다.

처음에는 10분 정도로 짧게 시작하여 익숙해지면 시간을 늘려가는 것이 좋습니다. 이 과정을 통해 우리는 몸과 다시 연결되고, 진정한 의미에서 '나 자신을 돌보는 법'을 배우게 됩니다.

자비 명상: 나 자신과 세상을 향한 따뜻한 시선

많은 명상 훈련이 '알아차림'에 집중한다면,
자비 명상은 제게 '적극적인 치유'의 경험을 선물했습니다.

자비 명상(Loving-Kindness Meditation)은 우리 마음에
친절함, 따뜻함, 그리고 사랑의 감정을
의도적으로 키우는 훈련입니다.

비판과 판단에 익숙했던 저의 마음에
'따뜻한 시선'을 되찾아주어,
궁극적으로는 저 자신과 세상을 조건 없이
긍정하는 힘을 길러주었습니다.

왜 '나 자신'으로부터 시작해야 할까요?

 자비 명상을 하면서 제가 가장 크게 깨달은, 어쩌면 가장 '혁명적'이었던 지점은, 이 따뜻한 시선을 가장 먼저 '나 자신'에게로 향하게 한다는 것이었습니다.

 저는 종종 타인에게는 관대하면서도, 스스로에게는 가장 혹독한 비평가였습니다.

 하지만 제가 저 자신을 따뜻하게 바라보지 못한다면, 타인을 향한 친절 또한 온전하기 어렵다는 것을 깨달았습니다. 내 안의 사랑의 샘이 말라 있는데, 어떻게 다른 이에게 물을 나누어 줄 수 있을까요?

 나를 향한 자비는 이기심이 아니라, 모든 관계의 건강한 시작점이었습니다.

 스스로의 불완전함을 수용하고 따뜻하게 안아줄 수 있을 때, 비로소 타인의 불완전함도 너그럽게 받아들일 수 있게 되었습니다.

Part 1. 멈춤과 알아차림의 시간: 명상 41

자비 명상, 어떻게 마음을 훈련할까요?

자비 명상은 특정한 문구들을 조용히 되뇌며, 그 문구가 담고 있는 따뜻한 감정을 마음속에 불러일으키는 방식으로 진행됩니다.

준비 단계

 편안함과 안정 편안한 자세로 앉아 눈을 감고, 2~3분간 호흡에 집중하며 마음을 차분히 가라앉힙니다. 저는 가슴 한가운데에 따뜻하고 부드러운 빛이 피어오르는 것을 상상하거나, 온전히 사랑받았던 기억을 떠올리며 마음에 따뜻한 느낌을 준비합니다.

1단계 나 자신을 위한 자비: 먼저 그 따뜻한 감정을 온전히 저 자신에게 보냅니다. 마음속으로 다음의 문구들을 진심을 담아 천천히 되뇌어 봅니다. (문구는 자신에게 가장 와닿는 말로 바꿀 수 있습니다.)

내가(내 이름) 평안하기를.
내가 건강하기를.
내가 행복하기를.
내가 고통에서 벗어나기를.

2단계 사랑하는 사람을 위한 자비: 부모님, 자녀, 친구 등 아주 쉽게 사랑과 감사의 마음을 느낄 수 있는 한 사람을 떠올립니다. 그 사람의 행복한 모습을 그리며, 같은 문구를 그에게 보내줍니다.

그 사람이 평안하기를.
그 사람이 건강하기를...

3단계 소중한 사람들을 위한 자비: 이제 대상을 가족, 친한 친구들 전체로 확장하여 따뜻한 마음을 보냅니다.

4단계 '어려운 사람'을 위한 자비: 솔직히 이 단계는 지금도 쉽지 않습니다. 준비가 되었을 때 시도해 보세요. 나와 갈등이 있거나 나를 힘들게 하는 사람을 떠올립니다. 그 사람 역시 나처럼 고통받고 있으며, 행복을 원한다는 사실을 '인정'하며, 가능한 만큼 자비심을 보냅니다. 억지로 할 필요는 없습니다.

그 사람도 평안하기를...

5단계 모든 존재를 위한 자비: 마지막으로, 나의 자비로운 마음을 내가 사는 동네, 이 나라, 그리고 전 세계의 모든 존재, 동물과 식물에 이르기까지 경계 없이 확장합니다.

이 세상 모든 존재가 평안하기를.
이 세상 모든 존재가 행복하기를...

 자비 명상을 꾸준히 실천하면서, 세상을 바라보는 저의 기본적인 시선이 비판에서 이해로, 무관심에서 따뜻한 연결감으로 변화하는 것을 경험할 수 있었습니다. 이는 스트레스를 줄이고, 공감 능력을 높이며, 대인 관계를 개선하는 데 매우 강력한 힘을 발휘하는 마음의 기술입니다.

걷기 명상, 먹기 명상: 일상을 치유의 순간으로 만드는 법

명상은 고요히 앉아서만 하는 것이 아니라는 것을 깨달았을 때, 저는 큰 해방감을 느꼈습니다. 걷기 명상과 먹기 명상은 우리의 가장 평범한 일상 행위인 '걷고 먹는' 순간을 깊은 알아차림과 치유의 시간으로 바꾸는 매우 실용적이고 강력한 훈련법이었습니다.

이 명상들의 핵심은 '자동 조종 모드(Autopilot Mode)'를 끄고, 지금 이 순간의 경험에 온전히 깨어나는 것이었습니다.

걷기 명상 땅과 연결되고, 생각에서 벗어나는 시간
 저 역시 보통 어딘가로 가기 위한 '수단'으로 걷곤 했습니다. 걷는 동안 생각은 온통 목적지나 다른 걱정거리에 가 있었죠. 걷기 명상은 걷는 행위 그 자체를 '목적지'로 삼는 연습입니다.

어떻게 하는가?

속도를 늦춥니다
 평소보다 의식적으로 발걸음을 절반, 혹은 그 이하로 늦춰봅니다.

발바닥의 감각에 집중합니다
한쪽 발을 들어 올릴 때의 가벼움(들숨)
발이 공중을 지나 앞으로 나아갈 때의 움직임(날숨)

 발뒤꿈치가 땅에 먼저 닿고, 발바닥, 발가락 순으로 지면을 누르는 감각 몸의 무게가 한쪽 발에서 다른 쪽 발로 이동하는 느낌

 이 모든 발바닥의 미세한 감각에 온 주의를 기울여 봅니다.
생각이 떠오르면? 다른 생각이 떠오르는 것은 당연합니다. 그럴 때마다 "아, 생각이 떠올랐구나"하고 알아차리고, 다시 부드럽게 주의를 발바닥의 감각으로 가져오면 됩니다.

제가 느낀 효과

접지(Grounding) 효과
 발바닥이 땅에 닿는 감각에 집중하다 보면, 들뜨고 불안한 마음이 가라앉고 안정감을 찾게 됩니다.

생각의 쉼
 머릿속에서 맴돌던 복잡한 생각들이 발바닥의 단순한 감각으로 내려오면서, 뇌에 휴식을 주었습니다.

먹기 명상: 음식을 통해 나와 세상을 만나는 시간

저도 TV를 보거나 스마트폰을 하며 무의식적으로 음식을 '해치울' 때가 많았습니다. 먹기 명상은 음식에 담긴 자연의 에너지와 수많은 사람들의 노고를 느끼며, 먹는 행위를 온전한 감사와 알아차림의 시간으로 만드는 것입니다.

저는 이 연습을 '건포도 한 알'로 처음 '체험'했습니다.

어떻게 하는가? (건포도 한 알로 연습해 보세요)

눈으로 먹기
음식을 먹기 전에 잠시 바라봅니다. 색깔, 모양, 질감을 호기심을 갖고 관찰합니다.

코로 먹기
음식의 향을 충분히 맡아봅니다. 어떤 향기가 나나요?

입으로 가져가기: 음식이 입술에 닿는 감촉을 느껴봅니다.

천천히 씹기
첫 한 입을 베어 물고, 바로 삼키지 않습니다. 입안에서 느껴지는 맛의 변화, 질감, 씹는 소리에 온전히 집중합니다. 20~30번 이상 천천히 씹어봅니다.

목 넘김 알아차리기
 음식이 목을 넘어가는 감각을 끝까지 알아차립니다.
몸의 소리 듣기
 내 몸이 지금 배가 부른지, 아직 허기진지 몸의 신호에 귀를 기울입니다.

제가 느낀 효과

진정한 맛의 발견
 무심코 먹을 때와는 전혀 다른, 음식 본연의 깊은 맛과 향을 느낄 수 있었습니다.
과식 방지 및 소화 개선
 천천히 먹으면 포만감을 제때 인지하게 되어 과식을 막고, 소화에도 도움이 되었습니다.
감사하는 마음
 이 음식이 내 앞에 오기까지의 과정을 생각하며 자연과 타인에 대한 연결감과 감사함을 느끼게 되었습니다.

 이처럼 걷기와 먹기는 매일 반복되는 일상입니다. 이 순간들을 알아차림의 기회로 삼을 때, 우리의 삶 전체가 명상의 시간이자, 평온과 감사를 회복하는 치유의 순간이 될 수 있습니다.

Part 2.

몸과 마음을 채우는 지혜
식단

1장
당신이 먹는 것이 바로 당신이다

음식과 감정의 연결고리: '감정적 허기'와 '신체적 허기' 구분하기

 저도 오랫동안 '마음의 허기'와 '몸의 허기'를 구분하지 못했습니다. 스트레스를 받으면 저도 모르게 서랍 속 초콜릿을 찾았고, 외로운 밤이면 배가 고프지 않아도 습관처럼 야식 앱을 열었습니다.

우리는 왜 마음의 공허함을 채우기 위해 무언가를 먹게 되는 걸까요? 이 둘의 차이점을 '알아차리는 것'만으로도 불필요한 과식을 줄이고, 내 몸과 마음이 진짜 원하는 것을 이해할 수 있게 됩니다. 이것이 제가 음식과의 건강한 관계를 맺기 위해 내디딘 첫걸음이 었습니다.

음식과 감정은 왜 이렇게 단단히 연결되어 있을까요?

 저도 그 이유가 궁금했습니다. 제가 공부하고 경험하며 알게 된 것은, 이 연결이 우리의 뇌 깊숙한 곳에서부터 시작된다는 사실이 었습니다.

뇌의 보상회로 특히 달고 기름진 음식은 뇌의 쾌락 중추를 자극해 '도파민'을 분비시킵니다. 이는 스트레스나 불안, 외로움 같은 부정적인 감정을 '일시적으로' 잊게 해주는 강력한 보상이 됩니다.

학습된 위안 돌이켜보면 저도 그랬습니다. 어린 시절, 울거나 속상해할 때 달콤한 간식을 위로로 받곤 했습니다. 이 경험이 반복되면서, 제 뇌는 '음식 = 위안'이라는 공식을 학습해버린 것이죠. 성인이 되어서도 힘든 감정을 느낄 때마다 무의식적으로 음식을 찾게 되는 이유였습니다.

이처럼 음식은 단순히 배를 채우는 것을 넘어, 가장 즉각적이고 손쉬운 감정 조절 수단으로 작동하고 있었습니다.

'감정적 허기'를 알아차렸을 때 어떻게 할까요?

감정적 허기를 느꼈다고 해서 스스로를 자책할 필요는 없습니다. 저도 수없이 겪었으니까요. 중요한 것은 그 순간을 '알아차리고', 잠시 멈추는 것입니다. 저도 처음엔 어려웠지만, 이런 연습들이 큰 도움이 되었습니다.

(표: 감정적 허기 vs 신체적 허기)

구분	감정적 허기 (마음의 허기)	신체적 허기 (몸의 허기)
발생 속도	갑자기, 급작스럽게 찾아온다. (예: 특정 감정이 드는 순간)	서서히, 점진적으로 배고픔이 느껴진다.
음식 종류	특정 음식(초콜릿, 떡볶이, 아이스크림 등)이 강렬하게 당긴다.	다양한 음식에 열려 있다. (예: 밥, 채소 등 건강한 음식도 좋다)
느껴지는 위치	목 위쪽(입, 머릿속)에서 느껴진다. '입이 심심하다'는 느낌.	위장(명치 아래)에서 느껴진다. 꼬르륵 소리, 속 쓰림 등.
정신 상태	무의식적으로, 생각 없이 먹게 된다. (예: TV 보면서 나도 모르게 먹고 있다.)	의식적으로, 내가 먹고 있다는 사실을 인지하며 먹는다.
먹고 난 후의 감정	죄책감, 후회, 자책감을 느끼는 경우가 많다.	만족감, 포만감을 느낀다.
급한 정도	'지금 당장' 먹어야 할 것 같은 긴급함과 충동을 동반한다.	기다릴 수 있으며, 배고픔을 참을 수 있다.

질문하기 음식을 먹기 전, 스스로에게 다정하게 질문해 보세요.
"나는 지금 정말 배가 고픈가?"
"스트레스를 받았나?"
"외로운가?"

감정의 진짜 이름 찾아주기 내가 느끼는 감정이 '배고픔'이 아니라 '불안', '지루함', '슬픔'이라는 것을 인지하는 것만으로도, 신기하게 충동이 가라앉는 것을 경험할 수 있습니다.

대안 활동 찾기 음식 대신 내 감정을 달래줄 다른 건강한 방법을 찾아봅니다. 저는 따뜻한 차 마시기, 좋아하는 음악 듣기, 가벼운 산책, 친구와 통화하기 같은 작은 행동들이 큰 도움이 되었습니다.

이 과정을 통해 우리는 음식의 노예가 아닌, 내 몸과 마음의 진짜 필요를 이해하고 채워주는 지혜로운 주인이 될 수 있습니다.

나의 몸은 무엇을 원하는가: 직관적 식사의 원칙

 오랫동안 저는 '다이어트'라는 끝없는 전쟁터에 있었습니다. '이건 살찌는 음식', '저녁 6시 이후엔 금식' 같은 수많은 규칙에 저를 가두었습니다.

 직관적 식사(Intuitive Eating)는 제게 '해방'을 선물했습니다. 이것은 또 다른 다이어트 법이 아닙니다. 외부의 규칙에서 벗어나, 내 몸이 보내는 내부의 신호, 즉 배고픔, 포만감, 만족감에 귀를 기울이는 '삶의 태도'에 가깝습니다. 깨어졌던 음식과 내 몸 사이의 신뢰를 회복하고, '내 몸을 내 삶의 가장 뛰어난 영양 전문가로 다시 모셔 오는' 과정이었습니다.

 제가 직관적 식사를 '체험'하며 깨달은 핵심 원칙들을 독자님 '공유'하고 싶습니다.

직관적 식사의 핵심 원칙, 내 몸의 소리에 답하는 법

다이어트 사고방식에서 벗어나기 (Reject the Diet Mentality)

"이건 살찌는 음식이야", "저녁 6시 이후에는 먹으면 안 돼" 같은 다이어트 규칙들을 쓰레기통에 버리는 '용기'가 필요했습니다. 이러한 규칙들은 우리 몸의 자연스러운 신호를 무시하게 만들고, 결국 폭식이나 음식에 대한 갈망으로 이어집니다. 직관적 식사는 '좋은 음식'과 '나쁜 음식'의 이분법에서 벗어나는 것에서 시작됩니다.

배고픔을 존중하기 (Honor Your Hunger)

배고픔은 몸이 에너지가 필요하다고 보내는 지극히 자연스러운 생존 신호입니다. 저도 처음엔 이 신호를 무시하곤 했습니다. 하지만 그럴수록 나중에 참을 수 없는 허기가 몰려와 과식으로 이어졌습니다. 몸이 보내는 초기 배고픔 신호(약간의 허기, 집중력 저하 등)를 알아차리고, 몸이 필요로 할 때 충분한 에너지를 공급해 주어야 합니다.

음식과 화해하기 (Make Peace with Food)

어떤 음식이든 먹어도 괜찮다는 '무조건적인 허용'을 스스로에게 내려주는 것. 제게는 이것이 가장 큰 '혁명'이었습니다. "나는 절대 케이크를 먹으면 안 돼"라고 생각하면, 오히려 케이크에 대한 갈망과 집착만 커졌습니다. 어떤 음식이든 먹을 수 있다고 믿게 되자, 특정 음식에 대한 과도한 욕망이 줄어들고 음식을 훨씬 차분하게 대할 수 있게 되었습니다.

포만감을 존중하기 (Feel Your Fullness)

음식을 먹으면서 내 몸이 보내는 포만감 신호에 주의를 기울여 봅니다. 배가 기분 좋게 부른 상태에서 숟가락을 내려놓는 '연습'이 필요했습니다. 음식을 남기는 것에 대한 죄책감을 버리고, 내 몸이 '이만하면 충분해'라고 말할 때 멈추는 법을 배우는 것이 중요합니다.

만족감을 발견하기 (Discover the Satisfaction Factor)

억지로 맛없는 다이어트 샐러드를 먹고, 몸은 배가 불러도 마음은 만족하지 못해 결국 밤늦게 다른 간식을 찾던 제 과거가 떠오릅니다. 내가 정말 먹고 싶은 음식을, 즐거운 환경에서 먹을 때 느끼는 '만족감'을 존중해야 합니다. 진정으로 원하는 음식을 먹을 때, 더 적은 양으로도 훨씬 큰 심리적 포만감을 느낄 수 있었습니다.

감정을 음식으로 해결하지 않기 (Cope with Your Emotios with Kindess)

불안, 외로움, 지루함 같은 감정을 음식으로 해결하는 것은 근본적인 해결책이 될 수 없음을 우리는 이미 알고 있습니다. 감정적 허기가 느껴질 때, 음식 대신 그 감정을 달래줄 수 있는 다른 건강한 방법(산책, 명상, 대화 등)을 찾는 연습이 필요합니다.

내 몸을 존중하기 (Respect Your Body)
유전적으로 정해진 내 몸의 체형과 사이즈를 있는 그대로 존중하고 받아들이는 것입니다. 비현실적인 미디어의 기준에 나를 맞추려 애쓰기보다, 내 몸을 소중한 동반자이자 집으로 여기고 감사하는 마음을 갖는 것이 직관적 식사의 튼튼한 바탕이 되어주었습니다.

결국 직관적 식사는 제게 '무엇을 먹어야 하는가?'라는 질문에서 '내 몸은 지금 무엇을 원하고, 어떻게 느끼는가?'라는 질문으로의 '전환'을 의미했습니다. 이 과정을 통해 독자님도 음식에 대한 집착과 스트레스에서 벗어나, 진정으로 자유롭고 즐거운 식사를 경험하시길 바랍니다.

식(食)의 인문학: 함께 나누는 식사의 의미와 공동체의 회복

 음식과의 관계가 회복되자, 저는 비로소 '혼자' 먹는 밥이 아닌 '함께' 나누는 식사의 의미를 다시 보게 되었습니다. 바쁘다는 핑계로, 혹은 혼자가 편하다는 이유로 우리가 잃어버린 '함께하는 식사'의 의미를 되짚어보는 것. 이는 저에게 웰니스 치유의 마지막 퍼즐 조각과도 같았습니다. '식(食)의 인문학'이라는 관점에서 볼 때, 함께 나누는 식사는 단순히 영양 섭취를 넘어, 관계를 형성하고 공동체를 회복하는 가장 근원적인 문화 행위였습니다.

식사(食事)는 '함께 할 사람'을 찾는 일

 한자 '식(食)'은 사람(人)과 좋을 양(良)이 합쳐져 '사람에게 좋은 것'을 의미한다고 합니다. 하지만 '식사(食事)'라는 단어는 단순히 먹는 '일(事)'을 넘어섭니다. 여기에는 사람과 사람 사이의 관계, 즉 '함께'라는 의미가 깊숙이 내재되어 있습니다.

 우리말에서 "언제 밥 한번 먹자"라는 인사는 "당신과 관계를 이어가고 싶다"는 따뜻한 신호이며, "한솥밥을 먹는다"는 말은 단순한 동료를 넘어 깊은 유대감을 가진 '운명 공동체'임을 의미합니다. 이처럼 식사는 인간관계의 시작이자 확인이며, 가장 원초적인 형태의 소통 방식입니다.

식탁은 왜 가장 원초적인 공동체일까요?

제가 경험하고 느낀 식탁의 힘은 이렇습니다.

신뢰와 유대의 형성

함께 음식을 나눈다는 것은 '너는 나의 적이 아니다'라는 가장 강력한 신뢰의 표현입니다. 같은 음식을 나누어 먹으며, 우리는 경계심을 풀고 서로를 안전한 존재로 받아들입니다. 식탁에서 오가는 대화와 웃음은 가장 자연스럽게 서로의 마음을 열고 관계의 벽을 허물어 줍니다.

정체성과 소속감의 확인

명절에 온 가족이 모여 송편을 빚고 떡국을 먹는 것처럼, 특정 음식을 함께 나누는 행위는 '우리는 하나'라는 소속감과 정체성을 강화합니다. 각 가정의 고유한 '엄마의 레시피'는 단순한 음식이 아니라, 그 가족의 역사와 사랑을 담고 있는 문화적 유산입니다. 식탁은 우리가 어디에 속해 있는지를 확인하는 작은 공동체의 장입니다.

세대 간의 지혜 전수

식탁에서는 음식뿐만 아니라, 삶의 지혜와 이야기가 함께 오고 갑니다. 조부모가 손주에게 음식에 얽힌 옛날이야기를 들려주고, 부모가 자녀의 하루를 물어보는 과정 속에서 자연스럽게 세대 간의 문화와 가치관이 전수됩니다. 식탁은 가장 자연스러운 교육의 장입니다.

'혼밥'의 시대, 공동체의 회복을 위하여

물론 저도 혼자 하는 식사가 불가피하고, 때로는 편안한 시간이 되기도 합니다. 그러나 '혼밥'이 일상이 되고, 식사가 스마트폰을 보며 급하게 '때우는' 시간이 될 때, 우리는 영양소는 섭취할지언정 관계가 주는 '마음의 양식'은 잃어버리게 된다는 것을 깨달았습니다. 공동체의 회복은 거창한 구호가 아니었습니다. '오늘 저녁, 누구와 함께 따뜻한 밥 한 끼를 나눌까?' 이 작은 질문에서 시작되는 '실천'이었습니다. 식탁의 온기를 회복하는 것은 단순히 배를 채우는 문제를 넘어, 파편화된 개인을 연결하고, 단절된 사회를 치유하며, 우리의 삶을 더 깊고 풍요롭게 만드는 인문학적 실천입니다.

2장
나를 살리는 건강한 식탁

마음을 안정시키는 음식, 불안을 더하는 음식

 한때 저는 제 기분이 왜 롤러코스터를 타는지 몰랐습니다. 어떤 날은 이유 없이 불안했고, 어떤 날은 무기력에 빠져들었죠. 하지만 음식 일기(뒤에서 자세히 다룰게요)를 쓰기 시작하면서 놀라운 사실을 발견했습니다. 제가 먹는 음식이 제 기분과 감정 상태에 '직접적인' 영향을 미친다는 '체험'을 하게 된 것입니다.

커피를 마신 날은 유독 신경이 곤두섰고, 달콤한 디저트를 먹은 날은 잠시 행복했다가 금세 더 큰 피로감에 빠졌습니다.

음식을 통해 마음을 다스리는 기본적인 원리는 혈당을 안정적으로 유지하고, 뇌 기능에 필수적인 영양소를 공급하며, 몸의 염증 반응을 줄이는 것이었습니다.

제가 직접 제 몸으로 '체험'하고 효과를 보며 '기록'해 둔, 마음을 다독여주는 음식과 불안을 더하는 음식들을 독자님과 '공유'합니다.

마음을 안정시키는 데 도움을 준 음식들

이 음식들은 '행복 호르몬'이라 불리는 세로토닌의 생성을 돕고, '스트레스 호르몬' 수치를 조절하며, 제 신경계를 안정시키는 데 도움을 주었습니다.

오메가-3가 풍부한 생선 (고등어, 연어, 꽁치)

오메가-3는 뇌세포의 주요 구성 성분이라고 합니다. 꾸준히 섭취하려 노력하니, 확실히 뇌가 맑아지고 불안감이 완화되는 것을 느꼈습니다.

마그네슘이 풍부한 음식 (견과류, 씨앗류, 녹색 잎채소)

'천연 이완제'라는 별명처럼, 마그네슘은 신경계의 흥분을 가라앉히는 데 좋았습니다. 저는 오후에 아몬드 한 줌이나 다크 초콜릿 한 조각으로 도움을 받곤 했습니다.

프로바이오틱스가 풍부한 발효 식품 (김치, 된장, 요거트)

'제2의 뇌'라 불리는 장 건강이 기분과 직결된다는 사실을 뒤늦게 알았습니다. 김치, 된장 같은 우리의 발효 식품이 세로토닌 생성에 중요한 역할을 한다는 것이 무척 반가웠습니다.

트립토판이 풍부한 음식 (바나나, 귀리, 우유)

트립토판은 세로토닌의 원료가 되는 아미노산입니다. 잠이 오지 않는 밤, 따뜻한 우유 한 잔이 심리적 안정에 도움을 준다는 것은 과학적인 근거가 있는 이야기였습니다.

허브차 (캐모마일, 라벤더)

커피 대신 저녁에 마시기 시작한 캐모마일 차는, 하루의 긴장을 마무리하는 저만의 '의식'이 되었습니다. 뇌와 신경을 진정시키는 효과를 부드럽게 '체험'할 수 있었습니다.

제가 의식적으로 멀리하기 시작한, 불안을 더할 수 있는 음식들

이 음식들은 저의 혈당을 급격하게 변화시키거나 신경계를 과도하게 자극해, 불안과 초조함을 악화시킨다는 것을 '기록'을 통해 알게 되었습니다.

카페인 (커피, 에너지 드링크)
각성 효과가 필요했지만, 과도하게 섭취한 날은 어김없이 심장이 빨리 뛰고 불안했습니다. 특히 불안 증세가 있는 분이라면 자신의 카페인 민감도를 꼭 확인해 보시길 권합니다.

설탕과 정제 탄수화물 (흰빵, 과자, 탄산음료)
혈당을 급격히 올렸다가 떨어뜨리는 '혈당 롤러코스터'의 주범이었습니다. 혈당이 급격히 떨어질 때, 저는 극심한 피로감과 신경과민을 느꼈습니다.

알코올 (술)
술은 일시적으로 긴장을 풀어주는 것 같았지만, 실제로는 수면의 질을 떨어뜨렸습니다. 술이 깨면서 오히려 더 큰 불안감(숙취 불안)을 겪는 날이 반복되었습니다.

가공식품 및 트랜스 지방 (패스트푸드, 튀김류)

 몸의 염증 수치를 높인다고 하죠. 만성적인 염증이 뇌 기능에 부정적인 영향을 주어, 저를 우중충한 기분에 머무르게 한다는 것을 깨달았습니다. 음식은 약이 될 수도, 독이 될 수도 있습니다. 나의 식단이 나의 마음에 어떤 영향을 미치는지 '알아차리는 것'만으로도, 우리는 일상에서 스스로를 돌보는 강력한 힘을 갖게 됩니다.

Part 2. 몸과 마음을 채우는 지혜

장-뇌 연결: 제2의 뇌, 장 건강의 중요성

 저는 그저 기분 탓, 혹은 스트레스 탓이라고만 생각했던 저의 불안과 우울감이, 사실은 '장(腸)'의 건강 상태와 깊이 연결되어 있다는 것을 알고 큰 충격을 받았습니다.

 최근 의학계에서 주목받는 '장-뇌 연결(Gut-Brain Axis)'이라는 개념을 알게 되면서, 제 몸과 마음을 바라보는 관점이 완전히 바뀌었습니다. 장은 단순히 음식을 소화하는 기관이 아니라, 뇌와 긴밀하게 소통하며 우리의 감정과 정신 건강에 막대한 영향을 미치는 '제2의 뇌'였습니다. 장이 건강하지 않으면 마음도 편안할 수 없다는 것을 '체험'하게 된 것입니다.

장은 어떻게 '제2의 뇌' 역할을 할까요?

독립적인 신경 시스템 장은 뇌의 명령 없이도 스스로 기능하는 독자적인 신경망(장신경계)을 가지고 있습니다. "뱃속이 편치 않다", "직감적으로 느낀다(gut feeling)" 같은 표현들은, 장이 독립적으로 느끼고 판단한다는 사실을 우리 조상들은 이미 알고 있었던 게 아닐까요?

주요 신경전달물질의 생산 공장 무엇보다 놀라웠던 것은, '행복 호르몬'이라 불리는 세로토닌의 약 90%가 바로 이 장에서 만들어진다는 사실이었습니다. 장 건강이 나빠져 세로토닌 생산에 문제가 생기면, 이는 곧바로 불안, 우울, 불면증 같은 정신적 문제로 이어질 수 있었던 겁니다.

뇌와 장은 무엇으로 소통할까요?

뇌와 장은 서로 '핫라인'을 가지고 있었습니다.

미주신경 (Vagus Nerve)

뇌와 장을 직접 연결하는 고속도로입니다. 장에서 생긴 문제(염증, 유해균 증가)는 이 신경을 통해 뇌로 전달되어 불안이나 스트레스 반응을 유발합니다. 반대로, 제가 스트레스를 받으면 그 신호가 장으로 전달되어 소화불량이나 과민성 대장 증후군을 일으켰습니다. (경험해 보신 분들 많으시죠?)

장내 미생물 (Microbiome)

우리 장 속의 100조 마리 미생물이 제 기분을 좌우할 수 있다는 사실은 경이롭기까지 했습니다. 유익균이 많아 건강한 생태계가 유지되면 뇌 건강에도 좋지만, 유해균이 우세하면 뇌 기능 저하와 우울감을 유발할 수 있다고 합니다.

마음을 위한 장 관리, 제가 실천하고 있는 것들

결국 마음의 평온을 얻기 위해 명상을 하는 노력과 더불어, 장을 건강하게 돌보는 실천이 반드시 병행되어야 한다는 결론에 이르렀습니다.

프로바이오틱스가 풍부한 식단 (김치, 된장, 요거트 등)
프리바이오틱스 섭취 (통곡물, 채소, 과일 등 유익균의 '먹이')
가공식품 및 설탕 줄이기 (유해균을 증식시키는 주범)
스트레스 관리 (스트레스는 장 건강에 직접적인 타격을 줍니다)

우리의 기분과 감정이 단지 머릿속 생각의 산물이 아니라, 우리가 먹는 음식과 장 속 미생물의 건강 상태에 깊이 뿌리내리고 있다는 사실을 이해할 때, 우리는 비로소 몸과 마음을 통합적으로 돌보는 진정한 웰니스를 시작할 수 있습니다.

'음식 일기'를 통한 나만의 식단 찾기

제가 앞서 말한 음식과 기분의 관계, 그리고 장-뇌 연결의 중요성을 어떻게 '발견'하게 되었을까요?

저에게 이 모든 패턴을 알려준 가장 강력한 도구가 바로 '음식 일기(Food Journal)'였습니다. 단순히 무엇을 먹었는지 '기록'하는 것을 넘어, 저널 테라피(Journal Therapy) 기법을 접목했을 때, 이것은 저 자신을 이해하는 '데이터 기반의 자기 성찰 과정'이 되었습니다.

외부 전문가가 정해준 식단이 아닌, 제 몸이 직접 알려주는 데이터를 통해 저만의 맞춤 식단을 찾아가는 여정이었습니다.

제가 음식 일기를 쓰며 '체험'한 것들

무의식적인 습관의 의식화

일기를 쓰기 전까지, 저는 제가 그렇게 많은 음식을 무의식적으로 먹고 있는지 몰랐습니다. 일기를 쓰는 행위 자체만으로도 "아, 내가 지금 이걸 먹고 있구나" 하고 '알아차리게' 되어, 불필요한 섭취가 자연스럽게 줄었습니다.

감정과 식사의 연결고리 발견

"스트레스를 받으니 매운 음식이 당겼구나", "피곤할 때 단 음식을 찾았네" 같이, 저의 감정 상태가 식사 선택에 어떤 영향을 미치는지 명확하게 파악할 수 있었습니다. 이것이 '감정적 허기'를 다루는 첫걸음이었습니다.

특정 음식에 대한 신체 반응 파악

"유제품을 먹은 날은 속이 더부룩했어", "튀긴 음식을 먹으니 다음 날 몸이 무거웠지" 처럼, 특정 음식이 저의 컨디션에 미치는 영향을 직접 확인할 수 있었습니다.

저널 테라피를 접목한 음식 일기 쓰는 법 (제가 쓰는 방식)

단순히 음식 종류만 적는 것이 아니라, 그 순간의 상황과 감정, 신체 반응을 함께 '기록'하는 것이 핵심입니다. 제가 실제로 사용하는 항목들을 '공유'합니다.

[음식 일기 기록 항목 예시]

식사 전 시간, 허기 수준 (1-10), 감정 상태 (중요!), 식사 동기 (더 중요!) (예: 지루함, 불안, 피곤함 / 진짜 배고파서, 입이 심심해서, 스트레스 받아서)
식사 중 음식/음료 (구체적으로), 장소 및 상황 (예: 책상 앞에서 혼자, 친구와 식당에서), 식사 속도
식사 후 포만감 수준 (1-10), 신체적 반응 (예: 속 편함, 더부룩함, 에너지 남), 감정적 반응 (결과) (예: 만족스러움, 죄책감, 기운 남, 후회됨)

[저의 기록을 부끄럽지만 '공유'해 봅니다]

날짜: 9월 7일 저녁 식 전 저녁 8시. 허기 수준 7. 일적으로 극심한 스트레스와 지친 상태. '이건 보상받아야 해' 하는 생각에 배달 앱을 켬. (동기: 스트레스성 보상 심리)
식사 중 매운 떡볶이와 튀김 1인분. TV 예능을 보며 혼자 '허겁지겁' 먹음.
식사 후 포만감 수준 9 (너무 배부름). 먹는 동안은 좋았지만 지금은 속이 더부룩하고 살짝 쓰림. 기분이 나아지기보다 오히려 몸이 무겁고 '또 먹었네' 하는 후회와 자책감이 듦.

패턴 발견 스트레스 -〉 매운/자극적인 음식 -〉 급하게 먹음 -〉 일시적 해소 -〉 신체적 불편함 + 감정적 후회

일주일만 꾸준히 기록해 보면, 독자님도 놀라울 정도로 많은 것을 발견하게 될 것입니다. 음식 일기는 나를 비난하기 위한 도구가 아닙니다. 나의 몸과 마음을 더 깊이 이해하고, 더 현명한 선택을 할 수 있도록 돕는 따뜻한 '안내자'입니다. 이 '기록'들을 바탕으로, 우리는 비로소 '나를 살리는 식단'을 스스로 구성할 수 있는 지혜를 얻게 됩니다.

의식적으로 먹기: 음식의 색, 향, 맛에 집중하는 식사 명상

음식 일기를 쓰면서, 저는 제가 얼마나 '의식 없이' 음식을 입에 넣고 있었는지, 맛을 느끼는 것이 아니라 그저 '삼키고' 있었는지 깨닫게 되었습니다.

'의식적으로 먹기(Mindful Eating)', 즉 식사 명상은 제가 매일 하는 '먹는 행위'를 통해 알아차림을 훈련하는 가장 감각적이고 즐거운 '체험'이었습니다. 스마트폰을 내려놓고, 음식의 색, 향, 소리, 질감, 맛 등 음식이 주는 모든 감각적 경험에 온전히 집중하는 것입니다. 이 과정을 통해 저는 음식과 더 깊이 연결되었고, 놀랍게도 적은 양으로도 큰 만족감을 얻으며, 제 몸의 소리를 더 명확하게 들을 수 있게 되었습니다.

제가 '의식적으로 먹기'를 통해 '경험'한 것들

만족감 극대화
음식의 모든 감각을 충분히 음미하자, 뇌가 완전히 활성화되어 훨씬 적은 양으로도 큰 만족과 포만감을 느꼈습니다.

소화 기능 개선
천천히 꼭꼭 씹으며 의식적으로 먹으니, 소화에 부담이 줄어드는 것이 느껴졌습니다.

감정적 식사 방지
먹는 행위 자체에 집중하다 보니, 스트레스나 지루함 때문에 음식을 찾던 '감정적 허기'와 진짜 배고픔을 구분하는 힘이 길러졌습니다.

감사하는 마음
이 음식이 내 앞에 오기까지의 여정(자연, 농부, 요리사)을 생각하게 되어, 음식에 대한 깊은 감사함이 절로 피어났습니다.

식사 명상 따라 하기, 건포도 한 알의 우주 (제가 처음 했던 연습)

독자님도 작은 음식 하나(건포도, 견과류, 초콜릿 조각 등)로 이 연습을 '체험'해 보시길 권합니다. 제가 처음 이 연습을 했을 때의 경험을 '공유'합니다.

관찰하기 (눈) 건포도 한 알을 손바닥에 올려놓고, 마치 태어나서 처음 보는 물건인 듯 호기심을 갖고 관찰했습니다. "표면의 주름이 이렇게 생겼구나. 빛을 받는 부분은 색이 다르네."

만져보기 (촉각) 손가락으로 살살 굴려보았습니다. "살짝 끈적하네. 생각보다 단단하지 않구나."

들어보기 (청각) (이 부분은 잘 들리지 않았지만, 시도 자체가 감각을 깨웠습니다.)

냄새 맡기 (후각) 코 가까이 가져가 향기를 깊게 맡아보았습니다. "달콤한 향, 흙냄새도 살짝 나는 것 같아." 향기를 맡을 때 입안에 침이 고이는 것을 '알아차렸습니다.'

맛보기 (미각)

입에 넣기 바로 씹지 않고, 혀 위에 가만히 굴려보았습니다.

첫 번째 씹기 의식적으로 아주 천천히 한 번 씹었을 때, 맛의 폭발이 일어났습니다. "이렇게 달았나?"

천천히 음미하기 계속해서 아주 느린 속도로 씹으며, 처음의 맛과 씹을수록 달라지는 맛의 변화를 모두 느껴보았습니다.

삼키기 음식이 목을 타고 넘어가는 여정을 끝까지 느껴보았습니다.

마무리하기 건포도가 사라진 입안의 느낌, 그리고 이 작은 경험이 내 몸과 마음에 준 여운을 잠시 느껴보았습니다.

이러한 식사 명상을 매일 식사의 '첫 한 입'에만 적용해 보는 것만으로도, 우리의 식사 습관과 음식과의 관계는 놀랍게 변화할 수 있습니다.

한 끼의 식사가 단순한 에너지 보충을 넘어, 감각을 깨우고 마음을 챙기는 풍요로운 '치유의 순간'이 될 것입니다.

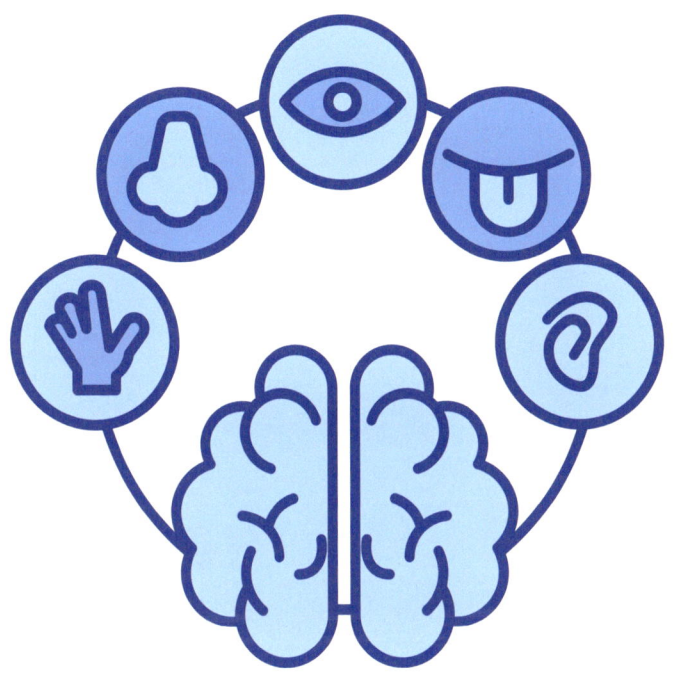

Part 3.

움직임 속에 깃든 생명력
운동

1장
몸을 움직인다는 것의 의미

운동은 처벌이 아닌, 나를 위한 선물

 저도 '운동'이라는 단어를 들으면, 오랫동안 죄책감, 의무감, 고통 같은 단어들을 먼저 떠올렸습니다.

"오늘 많이 먹었으니, 그만큼 달려야 해.""이 살을 빼려면, 이 정도 고통은 참아야지."

어느새 저에게도 운동은 칼로리를 태우기 위한 노동, 체중계 숫자를 바꾸기 위한 숙제, 마음에 들지 않는 제 몸에게 가하는 채찍질이 되어버렸습니다. 저는 몸의 소리를 듣기보다 숫자를 보며 움직였고, 즐거움 대신 의무감으로 땀을 흘렸습니다.

하지만 이런 '처벌적 운동'은 저를 행복하게 하지 못했습니다. 오히려 몸과 마음을 더 지치게 하고, 스스로를 미워하게 만들 뿐이었죠. 관점을 완전히 바꾸는 '계기'가 필요했습니다. 그리고 깨달았습니다. 운동은 처벌이 아닌, 오늘 하루 수고한 나에게 주는 가장 멋진 '선물'이라는 것을요.

제가 '선물'이라고 느끼게 된 순간들을 독자님과 '공유'하고 싶습니다.

살아있음을 느끼게 하는 '생명력'이라는 선물

온종일 컴퓨터 앞에 앉아 있느라 굳어있던 몸을 부드럽게 늘려줄 때, 저는 찌뿌둥함 속에 잠자고 있던 감각들이 깨어나는 것을 느꼈습니다. 땀을 흘리며 힘차게 뛰는 심장의 박동과 가빠오는 숨결을 느낄 때, 비로소 '내가 살아있음'을 온몸으로 체감하게 되었습니다. 움직임은 저에게 주어진 생명력을 가장 직접적으로 느끼게 해주는 선물이었습니다.

마음의 쓰레기를 비워내는 '정화'라는 선물

　스트레스와 복잡한 감정들이 머릿속에만 머무는 것이 아니라, 저의 어깨와 등, 온몸의 근육에 차곡차곡 쌓인다는 것을 '체험'했습니다. 몸을 움직여 땀을 흘리는 과정은, 이 무거운 마음의 쓰레기들을 시원하게 씻어내는 '정화'의 시간이었습니다. 운동 후 머리가 맑아지고 마음이 가벼워지는 것은 단순히 기분 탓이 아니라, 제 몸과 마음이 함께 정화되었기 때문입니다.

몸과 다시 연결되는 '대화'라는 선물

　우리는 평소 얼마나 내 몸의 소리에 귀를 기울일까요? 저는 거의 무시하고 살았습니다. 하지만 움직임은 흩어져 있던 제 의식을 다시 몸으로 가져와, 제 몸과 깊은 대화를 나누는 시간이 되어주었습니다.

'이 동작을 하니 시원하구나', '여기는 조금 불편하네' 와 같이 몸의 감각에 집중하다 보니, 비로소 제 몸을 더 깊이 이해하고 존중하게 되었습니다

제가 운동을 '선물'로 만들기 위해 시도한 것들입니다.

언어를 바꾸기 저는 '...해야만 해'라는 강박에서 '내 몸을 위해 ...해주고 싶어'라는 다정한 마음으로 바꿔 말하는 것부터 시작했습니다. "운동해야 해"가 아니라 "30분 산책을 선물해 주자"라고 말하는 순간, 움직임의 의미가 달라졌습니다.

숫자가 아닌 느낌에 집중하기
  칼로리 소모량, 운동 시간, 몸무게 숫자에 대한 집착을 내려놓으려 애썼습니다. 대신 '운동 후에 얼마나 상쾌했는가?', '몸이 얼마나 가벼워졌는가?', '기분이 얼마나 나아졌는가?' 처럼 저의 '느낌'에 집중했습니다. 진정한 보상은 숫자가 아닌 긍정적인 감각과 기분이었습니다.

저를 춤추게 하는 움직임을 찾기
  운동이 즐겁지 않다면, 그건 저에게 맞는 운동이 아니었을 뿐입니다. 헬스장에서 뛰는 것이 지겨울 땐, 좋아하는 음악을 틀고 막춤을 춰보았습니다. 숲길을 걷거나, 자전거를 타거나, 친구와 배드민턴을 쳤습니다. 제 마음을 즐겁게 하는 움직임이야말로 진정한 선물이었습니다.

당신의 몸은 벌을 받아야 할 대상이 아니라, 당신의 삶 전체를 담고 있는 소중한 집입니다. 오늘, 독자님은 그 소중한 집에 어떤 멋진 선물을 해주시겠어요? 움직임은 내 몸을 벌하는 시간이 아니라, 나의 살아있음을 온전히 축하하는 시간입니다.

몸의 지혜를 깨우다: 신체 감각 회복의 중요성

솔직히 고백하자면, 저는 오랫동안 '머리'로만 살았습니다. '느끼는 존재'라는 사실을 잊은 채, '생각하는 존재'로 사는 데 너무나 익숙해져 있었습니다. '몸의 지혜를 깨운다'는 것은, 저에게 이 잃어버렸던 반쪽짜리 지혜를 되찾아 온전한 나로서 살아가는 법을 배우는 '과정'이었습니다.

우리는 언제부터 몸의 소리를 잃어버렸을까요?

우리 모두는 태어날 때부터 몸의 지혜를 완벽하게 갖추고 있었습니다. 아기는 배가 고프면 울고, 배가 부르면 젖병을 밀어냅니다. 피곤하면 잠이 들고, 불편하면 몸을 뒤척입니다. 자신의 필요를 정확히 알고, 그에 따라 즉각적으로 반응합니다. 하지만 저 역시 성장하면서, 몸의 소리보다 외부의 규칙과 머릿속의 판단을 따르도록 길들여졌습니다.

"배가 불러도 남기면 안 돼."
(저는 제 몸의 포만감 신호를 무시했습니다.)
"피곤해도 지금 자면 안 돼, 할 일이 남았어."
(몸의 휴식 신호를 억눌렀습니다.)
"아파도 참고 일해야 인정받아."
(몸의 통증 신호를 외면했습니다.)

이런 경험이 반복되면서, 저는 점차 제 몸이 보내는 섬세한 신호에 둔감해졌습니다. 몸과 마음의 연결이 끊어지고, 몸은 마치 제 머리가 조종해야 하는 둔한 기계처럼 여겨졌습니다. 그 결과, 몸이 비명을 지르는 번 아웃이나 질병의 상태가 되어서야 비로소 무언가 잘못되었음을 깨닫게 되었습니다.

제가 신체 감각을 회복하며 '깨달은' 것들

가장 정직한 나침반을 되찾았습니다.

몸은 거짓말을 하지 않았습니다. 제 마음은 현실을 부정하거나 합리화할 수 있었지만, 몸은 불편한 상황에서 즉각적으로 긴장하고, 불안할 때 심장이 뛰며, 슬플 때 기운이 빠지는 등 언제나 진실을 말했습니다. 신체 감각을 회복한다는 것은 제 삶의 방향을 알려주는 가장 정직하고 직관적인 나침반을 되찾는 '체험'이었습니다. '왠지 저 사람은 불편해(gut feeling)'와 같은 직감은 바로 몸의 지혜가 보내는 중요한 신호였습니다.

감정 조절 능력이 향상되었습니다.

 모든 감정은 신체적 감각을 동반했습니다. 불안은 가슴 두근거림으로, 분노는 얼굴의 열감으로, 슬픔은 가슴의 답답함으로 나타났습니다. 저의 신체 감각을 세밀하게 '알아차리게' 되자, 감정이 폭발하기 전 초기 신호를 포착하여 스스로를 다독이고 조절할 수 있는 힘이 생겼습니다.

진정한 자기 돌봄을 시작하게 되었습니다.

 몸의 지혜를 깨우면서, 저는 비로소 무엇이 저에게 진정으로 필요한지 알게 되었습니다. 언제 쉬어야 할지, 어떤 음식을 먹어야 할지, 누구와 함께 있을 때 편안한지를 외부의 정보가 아닌 제 몸의 감각을 통해 직접 알게 된 것이죠. 이는 저에게 맞지 않는 것들을 자연스럽게 멀리하고, 저를 살리는 선택을 할 수 있게 되는 진정한 의미의 '자기 돌봄'이었습니다.

제가 일상에서 몸의 지혜를 깨우기 위해 '실천'하는 것들

'지금, 여기' 감각 느끼기

 잠시 하던 일을 멈추고 발바닥이 땅에 닿는 느낌, 엉덩이가 의자에 닿는 감촉, 손끝의 온도 등 지금 이 순간의 신체 감각을 느껴봅니다.

몸에게 질문하기

 중요한 결정을 내리기 전, 머리로만 생각하지 않고 제 몸에게 물어봅니다. "이 선택에 대해 내 몸은 어떻게 느끼고 있니?" 편안함, 긴장감, 설렘 등 몸이 보내는 반응에 귀를 기울여 봅니다.

바디스캔 명상

 (이전 장에서 공유했던) 의식적으로 머리부터 발끝까지 각 신체 부위의 감각을 차례로 느끼는 연습은 몸과의 연결을 회복하는 가장 효과적인 방법 중 하나입니다.

 몸의 지혜를 회복하는 것은 잃어버렸던 저의 가장 친한 친구이자 가장 지혜로운 스승을 되찾는 여정이었습니다. 이 여정을 통해 독자님도 머리와 가슴, 몸이 하나로 연결된 온전한 존재로서 균형 잡힌 삶을 살아가시길 바랍니다.

그리스 철학자들이 사랑한 걷기 예찬: 움직이며 사유하기

 복잡한 생각에 갇혀 도무지 답이 보이지 않을 때, 저는 일단 밖으로 나가 걷습니다. 신기하게도, 발이 땅에 닿는 리듬에 집중하며 걷다 보면, 엉켜 있던 생각의 실타래가 조금씩 풀리는 '체험'을 하곤 합니다. 그러다 문득, 이런 '체험'이 저만의 것이 아니라는 것을 알게 되었습니다. '움직임'과 '사유'는 고대 그리스 철학자들에게 결코 분리될 수 없는 하나의 완성된 행위였습니다. 특히 소크라테스부터 아리스토텔레스에 이르기까지 위대한 사상가들은 걷는 행위를 통해 사유를 심화시키고, 대화를 이끌어내며, 지혜를 완성했습니다.

 그들에게 걷기는 단순히 건강을 위한 신체 활동을 넘어, '움직이는 명상'이자 '깨어있는 사유를 위한 최적의 조건'이었습니다.

소요학파(Peripatetic School) 걷는 것이 곧 수업이었다. 고대 그리스 철학에서 걷기와 사유의 관계를 가장 상징적으로 보여주는 것은 바로 아리스토텔레스와 그의 제자들이 세운 '소요학파(逍遙學派, Peripatetic School)'입니다. '소요'는 '거닐다', '산책하다'는 뜻으로, 이름 그대로 아리스토텔레스는 아테네의 리케이온(Lykeion)이라는 학원의 그늘진 산책로를 제자들과 함께 걸어 다니며 강의하고 토론했습니다.

 그는 정적인 교실에 앉아 일방적으로 지식을 주입하는 대신, 걷는 행위의 자연스러운 리듬 속에서 제자들과 자유롭게 질문하고 답하며 지혜를 탐구했습니다.

그들은 왜 걸으며 사유했을까요?

 제가 걷기에서 '체험'한 것과, 그들이 걸었던 이유가 정확히 일치했습니다.

걷기는 생각을 정체시키지 않고 흐르게 합니다.
 가만히 앉아 있을 때, 제 생각도 꼬리에 꼬리를 물며 맴돌거나 하나의 문제에 집착하며 막히곤 했습니다. 하지만 걷기 시작하면, 몸의 움직임이 생각의 흐름을 촉진합니다. 발이 땅을 박차고 앞으로 나아가는 것처럼, 우리의 생각 역시 고정관념에서 벗어나 새로운 관점과 해결책을 향해 나아가게 됩니다.

걷기는 몸과 마음을 조화롭게 깨웁니다.
 걷기는 뇌에 더 많은 산소와 혈액을 공급하여 정신을 명료하게 깨우는 가장 자연스러운 방법이었습니다. 몸의 감각이 깨어남과 동시에, 생각의 감각도 예리해집니다. 또한, 주변의 풍경, 바람, 햇살 같은 외부의 자극들은 저를 골방의 사유에서 벗어나 세상과 연결된, 살아있는 생각을 하도록 도왔습니다.

걷기는 대화를 촉진하는 최고의 촉매제입니다.
마주 보고 앉아 이야기할 때의 경직된 분위기와 달리, 나란히 걸으며 같은 방향을 바라볼 때의 대화는 훨씬 부드럽고 솔직해지는 것을 '경험'했습니다. 걷는 동안의 자연스러운 침묵은 어색하지 않으며, 오히려 깊은 생각을 위한 여백이 되어줍니다.

일상에서 실천하는 철학자의 걷기

 우리는 문제에 부딪혔을 때 책상에 더 오래 앉아 있으려고만 합니다. 저도 그랬습니다. 하지만 그리스 철학자들의 지혜는 우리에게 다른 해법을 제시합니다.

 문제가 풀리지 않을 땐, 일단 걸어보세요.
 아이디어가 필요할 땐, 밖으로 나가 걸어보세요.
 누군가와 깊은 대화를 나누고 싶을 땐, 함께 걸어보세요.

걷는다는 것은 단순히 이동하는 행위가 아닙니다. 그것은 내 안의 생각과 만나고, 타인과 소통하며, 세상과 교감하는 가장 근원적인 인문학적 행위입니다.

오늘, 우리도 고대 철학자처럼 걸으며, 움직이는 사유의 즐거움을 '함께' 느껴보는 것은 어떨까요?

2장
나에게 맞는 즐거운 움직임 찾기

지속 가능한 운동 습관 만들기

저도 오랫동안 운동을 '하기 싫은 숙제'로 여겼습니다. 새해 다짐으로 헬스장을 등록하고, 며칠 나가지도 못한 채 자책했던 경험이 셀 수 없이 많습니다. 단기간의 의지와 채찍질로 억지로 하는 운동은 결국 실패와 자책감으로 이어졌습니다.

'지속 가능성'이야말로 건강한 운동 습관의 가장 중요한 핵심임을, 저는 수많은 실패를 '체험'하고 나서야 깨달았습니다. 의지력에만 기대는 것이 아니라, 즐거움과 성취감을 바탕으로 운동을 '숙제'에서 '기다려지는 일상'으로 바꾸기 위해 제가 '기록'해 온 현실적인 원칙들을 독자님과 '공유'하고 싶습니다.

제가 지속 가능한 습관을 만들기 위해 세운 5가지 원칙

'완벽' 대신 '시작'에 집중하기

 2분 규칙제가 운동을 시작하지 못했던 가장 큰 이유는 '1시간은 해야지', '땀 흘릴 정도로 해야지'라는 부담감 때문이었습니다. 이 부담감을 없애기 위해 제가 사용한 가장 좋은 방법은 "일단 2분만 하자"고 시작하는 것이었습니다.

헬스장에 가기 부담스럽다면 → "운동복으로 갈아입기까지만 하자."
30분 달리기가 막막하다면 → "현관문 열고 딱 2분만 걷고 오자."

 일단 시작하면 관성이 붙어 5분, 10분으로 이어지는 날이 많았습니다. 설령 2분만 하고 그만두더라도 괜찮았습니다. '오늘도 내 몸을 위해 무언가를 했다'는 그 사실 자체가 제게는 훨씬 더 중요했습니다.

동기 부여의 초점을 바꾸기, '결과'가 아닌 '과정'의 즐거움

"살을 빼야지"라는 목표는 제게 너무 멀고 고통스러웠습니다. 대신 저는 운동하는 '과정'에서 얻을 수 있는 즉각적인 보상에 집중하기로 했습니다.

운동 후의 상쾌함과 개운함, 좋아하는 음악을 들으며 걷는 즐거움, 어제보다 조금 더 유연해진 내 몸의 감각, 아름다운 풍경을 보며 산책하는 여유

 이처럼 과정의 즐거움을 찾다 보니, 운동은 더 이상 목표 달성을 위한 수단이 아니라 그 자체로 즐거운 활동이 되어주었습니다.

일상에 자연스럽게 심어두기

 습관 연결새로운 습관을 만들 때 제가 가장 효과를 본 방법은, 이미 가지고 있는 기존 습관에 '연결'하는 것이었습니다. 의지력을 발휘할 필요 없이 자연스럽게 행동을 유도할 수 있었죠.

아침에 일어나 물 한 잔 마신 후 → 바로 스트레칭 5분 하기
회사에서 점심 식사 후 → 회사 주변 10분 걷기
저녁에 TV를 켤 때 → 광고 나오는 동안 스쿼트 하기

나에게 맞는 '즐거운 움직임' 찾기

  세상에 '가장 좋은 운동'은 없었습니다. '내가 가장 즐겁게 할 수 있는 운동'이 있을 뿐이었죠. 저도 헬스장이 답답하게 느껴졌습니다. 그래서 춤을 배우거나, 주말 등산 모임에 가거나, 자전거를 탔습니다. 제가 진심으로 즐거움을 느끼는 활동을 찾았을 때, 운동은 더 이상 '일'이 아니라 '놀이'가 되었습니다.

'잘'하려 하지 말고 '그냥' 하기

  운동을 '잘하고' 싶은 마음이 오히려 시작을 가로막았습니다. 완벽한 자세, 정해진 루틴에 얽매이지 않기로 했습니다. 그냥 좋아하는 음악을 틀고 막춤을 춰도 훌륭한 운동이었습니다. 중요한 것은 '얼마나 전문적으로 하는가'가 아니라, '오늘도 내 몸을 위해 움직여 주었는가' 하는 사실 그 자체였습니다. 억지로 하는 운동은 제 몸과 마음을 괴롭히는 일이었습니다. 저의 지속 가능한 운동 습관은 저를 다그치는 것이 아니라, 제 몸의 소리에 귀 기울이고, 작은 성공들을 칭찬하며, 즐거움 속에서 스스로를 돌보는 다정한 '과정' 속에서 만들어졌습니다.

자연 속으로: 걷기, 등산이 주는 치유의 힘

복잡한 생각에 갇혀 마음이 지칠 때, 저는 그저 밖으로 나가 걷거나 가까운 산을 오릅니다. 흙을 밟고 나무를 느끼는 그 시간은 단순한 운동을 넘어, 저의 몸과 마음을 근본적으로 '치유'하는 강력한 힘을 주었습니다.

도시의 인공적인 환경 속에서 저의 뇌와 신체는 얼마나 쉽게 지쳤는지 모릅니다. 하지만 자연과 교감할 때, 우리는 가장 깊은 안정과 회복을 '체험'하도록 설계되어 있었습니다.

뇌를 쉬게 하는 자연의 풍경이 아닌 도시의 소음과 날카로운 자극 속에서 저의 뇌는 끊임없이 에너지를 소모했습니다. 반면, 숲의 나뭇잎, 구름의 모양, 물결의 움직임 같은 자연의 풍경은 제 뇌를 편안하게 했습니다. 이를 '주의 회복 이론(Attention Restoration Theory)'이라고 부른다고 합니다. 제가 '체험'했던, 복잡한 문제의 해답이 산책 중에 문득 떠오르는 것도 바로 이 때문이었습니다.

몸을 치유하는 자연의 선물, 자연은 저의 감각을 통해 직접적으로 몸을 치유하는 물질들을 선물했습니다.

피톤치드 숲속을 걸으며 피톤치드를 들이마실 때, 제 몸의 스트레스 호르몬 수치가 실제로 감소하고 면역력이 증진되는 것을 느꼈습니다. '산림욕'은 단순한 기분 탓이 아니었습니다.

음이온 폭포나 계곡 근처에서 유독 상쾌함을 느꼈던 이유도, 공기 중의 비타민이라 불리는 '음이온' 때문이었습니다.

햇빛 햇볕을 쬐며 걷는 것은 제 안의 행복 호르몬(세로토닌) 분비를 촉진하고, 비타민 D를 합성하는 가장 좋은 방법이었습니다.

궁극적인 치유, '연결감'의 회복

하지만 이 모든 과학적 설명보다, 저에게 가장 큰 치유의 힘을 준 것은 '연결감의 회복'이라는 '체험'이었습니다.

발바닥으로 흙의 감촉을 느끼고, 피부로 바람을 느끼며, 계절의 변화를 온몸으로 겪을 때, 저는 잠시 저만의 문제와 걱정에서 벗어나 거대한 생명의 순환 속에 있음을 깨닫게 되었습니다. 이러한 '경험'은 저의 고립감을 줄여주고, 삶에 대한 경외심과 감사함을 불러일으키며 깊은 정서적 안정감을 주었습니다.

결론적으로, 자연 속에서 걷고 오르는 행위는 제 몸을 단련하고, 뇌를 쉬게 하며, 마음을 정화하는 가장 근원적인 '치유 활동'이었습니다. 독자님도 문제가 풀리지 않거나 마음이 지칠 때, 잠시 밖으로 나가 흙을 밟고 나무를 느껴보시길 권합니다. 자연은 언제나 그 자리에서 가장 지혜로운 치유자가 되어줄 것입니다.

춤, 그리고 자유: 몸으로 나를 표현하는 즐거움

솔직히 고백하자면, 저는 '몸치'입니다. 박자에 맞춰 움직이는 것을 두려워했고, 남들 앞에서 제 몸짓을 보이는 것이 부끄러웠습니다. 하지만 춤은 정해진 규칙이나 평가로부터 벗어나, 제 몸이라는 언어를 통해 가장 원초적이고 순수한 '나'를 표현하는 자유로운 행위였습니다. 제가 춤에서 다른 움직임과 다른 차원의 '해방감'을 느낀 이유는, 춤이 '판단'을 내려놓고 '표현'에 집중하는 활동이기 때문이었습니다. 잘하고 못하고의 기준이 없는, 오직 지금 이 순간의 내 느낌과 에너지를 몸으로 풀어내는 과정 그 자체가 목적이었습니다.

몸에 갇힌 감정을 해방시키는 언어

제 몸도 살아오면서 겪은 모든 감정과 경험을 기억하는 지도와 같았습니다. 말로 다 표현하지 못했던 슬픔, 억눌렀던 분노, 마음껏 드러내지 못했던 기쁨이 저의 어깨와 허리, 가슴에 그대로 새겨져 있었죠.

춤은 제게 이 몸에 갇힌 감정들을 해방시키는 가장 원초적인 '언어'가 되어주었습니다.

슬플 때 저는 부드러운 움직임으로 스스로를 위로했습니다. 화가 날 땐 발을 구르거나 팔을 뻗는 역동적인 움직임으로 에너지를 분출했습니다. 음악에 몸을 맡기고 움직이다 보면, 머리로 이해하기 전에 몸이 먼저 감정을 풀어내고 정화하는 놀라운 '경험'을 하게 되었습니다. 억압된 감정을 건강하게 해소하는 강력한 치유의 과정이었죠.

'해야만 한다'는 갑옷을 벗어던지는 즐거움

 저도 일상에서 '반듯한 자세', '단정한 걸음걸이', '상황에 맞는 표정' 등 수많은 사회적 규범이라는 갑옷을 입고 살았습니다. 몸은 늘 통제되고 경직되어 있었죠.

 춤추는 순간만큼은 이 모든 갑옷을 벗어던질 수 있었습니다. 어색하고 우스꽝스러워 보이는 제 몸짓도 괜찮았습니다. 박자를 놓쳐도 상관없었습니다. 춤의 세계에서는 '틀린 동작'이란 없었습니다. 오직 '나의 움직임'만이 존재할 뿐이었죠.

 이러한 '비판단적인 움직임'의 '체험'은 저를 완벽해야 한다는 강박에서 자유롭게 했고, 있는 그대로의 저를 수용하는 자기 긍정의 태도를 길러주었습니다.

일상에서 춤과 자유를 만나는 법 (제가 하는 방법)

저도 거창한 댄스 학원에 등록하지 않았습니다.

혼자 있는 공간에서 좋아하는 음악을 크게 틀었습니다.

저도 처음에는 정말 어색했습니다. 눈을 감고 음악의 리듬에 가볍게 고개를 까딱이는 것부터 시작했습니다.

음악이 이끄는 대로, 제 몸이 가고 싶어 하는 대로, 그저 저의 움직임을 '허용'해 주었습니다.

신나게 몸을 흔들고 난 뒤, 땀과 함께 스트레스가 날아가고 마음이 한결 가벼워지는 것을 느낄 수 있었습니다.

춤은 기술이 아니라, 제 몸과 다시 친해지고, 제 안의 생명력을 축하하며, 자유로운 영혼을 깨우는 즐거운 '놀이'가 되었습니다.

오늘, 독자님의 몸이 들려주는 노래에 맞춰 자유롭게 춤춰보는 것은 어떨까요?

Part 4.

삶의 의미를 찾아가는 여정
심리

1장
내 마음의 무늬를 이해하기

감정은 신호등: 내 안의 감정들을 제대로 읽는 법

 저도 오랫동안 제 안의 불안, 분노, 슬픔 같은 감정들을 없애야 할 '문제'나 '나쁜 것'으로 취급하곤 했습니다. 그런 감정이 들 때마다 애써 무시하거나 억누르기 바빴죠.

하지만 감정은 그 자체로 좋거나 나쁜 것이 아니었습니다. 그것은 단지 저의 현재 상태와 욕구에 대해 알려주는 중요한 '정보'이자 '메시지'라는 것을 깨달았습니다. 신호등이 교통의 흐름을 안전하게 안내하듯, 감정은 제 삶의 길을 안전하고 건강하게 나아가도록 돕는 내면의 안내 시스템이었습니다.

감정이라는 신호등, 왜 제대로 읽어야 했을까?

제가 이 신호등을 무시하고 운전했을 때, 어김없이 마음의 사고가 났습니다.

빨간불 (분노, 두려움, 강한 불안) 이 감정들은 '멈추세요! 위험이 있거나 중요한 무언가가 침해당했습니다!'라고 알려주는 강력한 경고등이었습니다.

제가 무시했을 때 이 경고를 억누르면, 감정은 해소되지 않고 쌓여 있다가 나중에 엉뚱한 곳에서 폭발하거나, 저를 무기력증에 빠뜨리곤 했습니다.

노란불 (짜증, 걱정, 가벼운 불안) '주의하세요! 속도를 줄이고 주변을 살피세요.'라는 예비 신호였습니다. 지금 저의 상태나 주변 상황에 무언가 불균형이 생기고 있음을 알려주었죠.

제가 무시했을 때 이 작은 불편함을 계속 외면하면, 결국 문제가 커져 '빨간불' 상태로 이어지곤 했습니다.

초록불 (기쁨, 평온, 만족감) '안전합니다! 지금 이 길로 계속 나아가도 좋습니다.'라는 신호였습니다. 현재 저의 행동이나 환경이 저의 욕구와 가치에 부합하고 있음을 알려주었습니다.

 신호등을 무시하면 사고가 나듯, 제 감정의 신호를 무시하자 제 삶은 원치 않는 방향으로 흘러가거나 마음의 상처를 입게 되었습니다.

내 안의 감정 신호등을 제대로 읽기 위해 제가 '기록'한 4단계

그럼 저는 이 신호등을 어떻게 읽기 시작했을까요? 처음엔 서툴렀지만, 이 4단계를 꾸준히 '연습'했습니다.

멈추기 (Stop) 강한 감정이 올라올 때, 즉각적으로 반응하지 않고 일단 '멈추는 것'이 가장 중요했습니다. 마치 빨간불 앞에서 차를 세우듯, 하던 행동이나 생각을 잠시 멈추고 심호흡을 했습니다. 이것만으로도 감정에 휩쓸리지 않고 상황을 객관적으로 볼 수 있는 작은 공간이 생겼습니다.

감각 알아차리기 (Notice the Sensation)

 머리로 감정을 분석하기 전에, 제 '몸'에서 어떤 느낌이 드는지 먼저 관찰했습니다.

"가슴이 답답하고 뜨거워지는구나."

"어깨가 돌처럼 굳어있네."

 감정은 몸이라는 스크린을 통해 상영된다는 것을 '체험'했습니다. 신체 감각을 알아차리는 것이 감정의 실체를 파악하는 첫 단추였습니다.

감정에 이름 붙이기 (Name the Emotion)

 몸의 감각을 바탕으로, 지금 느끼는 감정에 구체적인 이름을 붙여 보았습니다. '그냥 기분이 나빠'가 아니라, '아, 나는 지금 '서운함'을 느끼고 있구나', '이건 '억울함'이구나' 하고 명명하는 것이죠. 감정에 이름을 붙이는 순간, 저는 그 감정에 압도당하는 대상에서 그 감정을 바라보는 '주체'가 될 수 있었습니다.

메시지 듣기 (Listen to the Message)

 마지막으로, 그 감정이 저에게 무엇을 말해주려 하는지 스스로에게 질문했습니다.

분노가 말하는 것 "나의 어떤 중요한 경계선이 침범당했니? 무엇이 부당하다고 느끼니?"
슬픔이 말하는 것 "나는 무엇을 잃어버렸다고 느끼니? 무엇이 나에게 소중했니?"
불안이 말하는 것 "내가 무엇을 중요하게 여기는데, 그것이 위협받고 있다고 느끼니?"

 이 질문에 대한 답을 찾는 '과정'을 통해, 저는 감정의 표면적인 불편함 너머에 있는 저의 진정한 욕구와 가치를 '발견'하게 되었습니다.

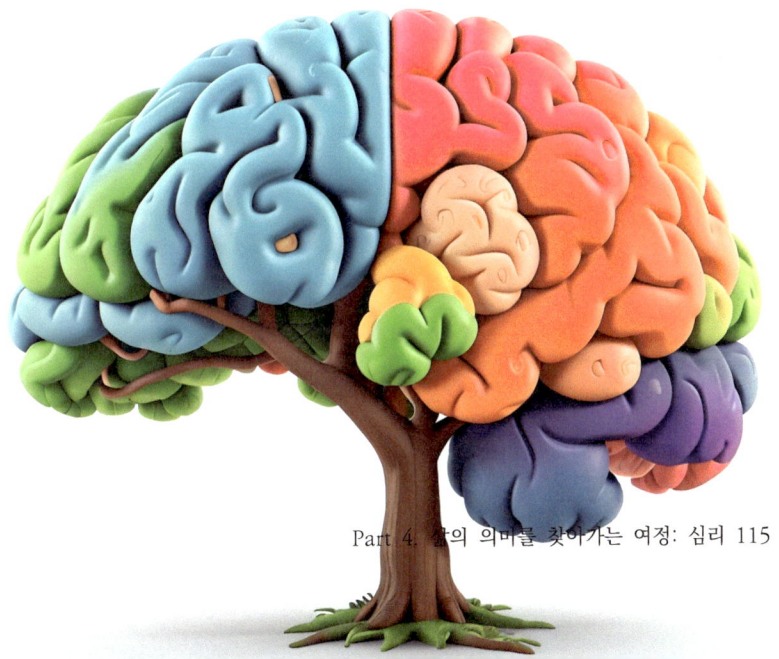

스트레스와의 건강한 동행: 회복탄력성의 심리학

 저에게도 '스트레스'는 '없애야 할 적'이었습니다. 스트레스 없는 삶을 살고 싶다고 늘 바라왔죠. 하지만 그럴수록 저는 더 쉽게 지쳤습니다.

 이제 저는 스트레스를 삶의 일부로 받아들이고 '건강하게 동행하는 법'을 배우는 것이 훨씬 더 중요하다는 것을 깨달았습니다. 제가 발견한 핵심 열쇠는 바로 '회복탄력성(Resilience)'의 심리학이었습니다.

회복탄력성은 시련이라는 파도를 피하는 능력이 아니었습니다. 파도에 휩쓸려 넘어지더라도 다시 일어나 원래의 모습으로 돌아오는 '마음의 근력'을 의미했습니다. 마치 오뚝이처럼 말이죠.

회복탄력성은 타고나는 것이 아니라, '기를 수 있는 근육'

제가 가장 희망을 느꼈던 지점은, 회복탄력성이 천성적으로 정해진 것이 아니라 꾸준한 '훈련'을 통해 누구나 강화할 수 있는 심리적 '기술'이라는 사실이었습니다. 이 '마음의 근육'을 기르기 위해, 저는 크게 세 가지를 '기록'하며 훈련했습니다.

자기 조절 능력, 감정의 파도 위에서 중심 잡기

 이는 감정적 동요를 스스로 진정시키고 충동적인 반응을 조절하는 힘입니다. 스트레스 상황에서 감정에 휩쓸려 허우적대는 것이 아니라, '아, 내가 지금 불안하구나' 하고 제 상태를 알아차리고 심호흡을 통해 안정을 되찾는 능력이죠.

저의 근력 키우기 명상, 심호흡, 알아차림 훈련을 '연습'했습니다. 감정이 격해질 때 잠시 멈추고 제 신체 감각에 집중하는 연습을 통해 감정과의 건강한 거리를 확보할 수 있었습니다.

대인 관계 능력, 함께라는 안전망의 힘

 어려움에 처했을 때, 기꺼이 도움을 요청하고 지지를 주고받을 수 있는 건강한 관계는 회복탄력성의 가장 중요한 기반이었습니다. 고립되어 있을 때 저는 작은 스트레스에도 쉽게 무너졌지만, 튼튼한 연결망이 있을 땐 역경을 함께 이겨낼 수 있었습니다.

저의 근력 키우기 신뢰하는 친구나 가족에게 저의 어려움을 솔직하게 털어놓는 '용기'를 연습했습니다. 또한 다른 사람의 이야기에 깊이 공감하고 경청하는 태도를 배우려 노력했습니다.

긍정성, 현실을 딛고 일어서는 낙관주의

 이것은 무조건 "다 잘 될 거야"라고 외치는 맹목적인 낙관과는 달랐습니다. 제가 배운 긍정성이란, 현실을 있는 그대로 인정하되, "이 어려움 속에서도 내가 통제하고 배울 수 있는 부분은 무엇인가?"를 찾아내는 '적극적인 믿음'이었습니다. 실패를 성장의 기회로, 고난을 배움의 과정으로 '재해석'하는 능력이었죠.

저의 근력 키우기 매일 밤 그날 있었던 감사한 일 3가지를 '기록'하는 '감사 일기'를 쓰기 시작한 것이 효과적이었습니다. 스트레스는 삶에서 피할 수 없는 동반자입니다. 제가 할 수 있는 최선은 스트레스에 저항하며 에너지를 소모하는 것이 아니라, 회복탄력성이라는 마음의 근력을 꾸준히 단련하는 것이었습니다.

 독자님도 이 경험을 통해 한 뼘 더 성장하는 지혜를 배우시길 바랍니다.

상처와 마주할 용기: '상처 입은 치유자'의 가능성

저에게도 숨기고 싶은 상처가 있습니다. 오랫동안 저는 그것이 저의 약점이나 숨겨야 할 흠이라고만 생각했습니다. 괜찮은 척, 아무렇지 않은 척 덮어두기에 급급했죠.

그러다 저는 스위스의 정신분석가 칼 융이 제시한 '상처 입은 치유자(The Wounded Healer)'라는 개념을 만났습니다. 자신의 상처를 외면하지 않고, 용기 있게 마주하고 성찰한 사람만이 타인의 상처를 진정으로 이해하고 치유할 수 있는 깊이를 갖게 된다는 역설적인 진실이었죠.

제 상처가 약점이 아니라, 오히려 가장 강력한 치유의 원천이 될 수 있다는 가능성을 '발견'한 순간이었습니다.

상처는 왜 가장 깊은 공감의 통로가 될까요?

 고통의 '경험'은 우리를 타인과 연결하는 가장 근원적인 다리였습니다. 제가 '체험'하고 '깨달은' 바는 이렇습니다.

이론이 아닌, 체험으로 이해하기 때문입니다.

 책으로 배운 지식만으로는 상실의 아픔, 실패의 좌절감을 결코 온전히 이해할 수 없었습니다. 직접 그 어두운 골짜기를 지나온 사람만이 고통받는 이의 침묵 속에 담긴 미묘한 떨림을 가슴으로 느낄 수 있다는 것을요. 저의 상처는 공감을 '머리'의 영역에서 '가슴'의 영역으로 옮겨주었습니다.

판단 대신 겸손을 배우기 때문입니다.

 저의 취약함과 불완전함을 정면으로 마주해 본 사람은 타인의 약점을 쉽게 판단하거나 비난하지 않습니다. 넘어지는 것이 얼마나 아픈지 알기에, 넘어진 사람에게 손을 내밀며 "괜찮아, 나도 그랬어"라고 말할 수 있는 겸손과 따뜻함을 갖게 됩니다.

'상처'가 '치유의 힘'이 되기 위한 조건, 마주할 용기

하지만 상처 입은 모든 사람이 저절로 치유자가 되는 것은 아니었습니다. 저 역시 제 상처를 외면하거나, 피해자 의식에 갇혀 세상을 원망하는 데 그쳤다면, 그 상처는 저와 타인을 해치는 독이 되었을 것입니다.

제 상처가 치유의 힘으로 승화되기 위해서는, 다음과 같은 '용기 있는 자기 성찰'의 '기록'이 필요했습니다.

상처의 존재 인정하기 괜찮은 척 덮어두었던 아픔을 '나의 일부'로 인정하고 받아들이는 용기가 필요했습니다.

상처의 의미 탐색하기 그 고통스러운 경험이 저에게 무엇을 가르쳐 주었는지, 그로 인해 제가 어떤 성장을 이루었는지 적극적으로 의미를 '탐색'하는 과정이 중요했습니다. "왜 나에게 이런 일이 일어났는가?"라는 원망 섞인 질문에서 "이 경험을 통해 나는 무엇을 배울 수 있는가?"라는 질문으로 '전환'하는 것이었죠.

상처와 건강한 거리 두기 제 상처에 완전히 함몰되지 않고, 한 걸음 떨어져 객관적으로 바라볼 수 있을 때, 비로소 저의 경험을 타인을 돕는 자원으로 활용할 수 있게 되었습니다.

상처 입은 치유자, 우리 모두의 가능성

'상처 입은 치유자'는 상담가나 의사 같은 특정 직업인에게만 해당 되는 이야기가 아니었습니다.

자녀의 아픔을 겪어본 부모가 같은 처지의 부모를 더 깊이 위로할 수 있고, 큰 실패를 딛고 일어선 사람이 좌절한 후배에게 진심 어린 조언을 해줄 수 있듯이 말입니다.

이처럼 우리 모두는 각자의 삶에서 얻은 상처를 통해 누군가의 어둠을 밝혀줄 수 있는 작은 등불이 될 가능성을 지니고 있습니다.

결국 가장 깊은 치유는 완벽한 사람이 주는 완벽한 해결책에서 오는 것이 아니었습니다. 그것은 나의 아픔을 알아주는, 나와 같은 상처를 지닌 불완전한 존재와의 진실한 '만남' 속에서 일어납니다.

상처와 마주할 용기를 낼 때, '우리'는 비로소 고통을 넘어 성숙에 이르고, 나를 넘어 타인과 연결되는 진정한 치유의 여정을 시작할 수 있습니다.

2장
의미를 발견하고 나답게 살아가기
(의미치료 핵심 파트)

빅터 프랭클의 의미치료: '어떤 상황에서도 삶의 의미는 존재한다.'

"나는 왜 사는가?"
"내 삶의 의미는 무엇인가?"

제 삶이 캄캄한 터널 속에 갇힌 것처럼 느껴질 때, 이 질문들에 대한 답을 간절히 찾았습니다. 그때 저는 오스트리아의 정신과 의사이자 홀로코스트 생존자인 빅터 프랭클(Viktor Frankl)의 '의미치료(Logotherapy)'를 만났습니다.

그의 사상은 아우슈비츠 강제 수용소라는 극한의 고통 속에서 피어났기에, "어떤 상황에서도 삶의 의미는 존재한다"는 핵심 메시지는 저에게 비교할 수 없는 설득력과 희망을 '경험'하게 했습니다.

의미치료의 핵심, '의미를 찾으려는 의지'

프랭클은 인간을 움직이는 가장 근본적인 동기가 '쾌락'이나 '권력'이 아니라, '의미를 찾으려는 의지(Will to Meaning)'라고 보았습니다.

그가 수용소에서 목격한 광경은 저를 깊이 성찰하게 했습니다. 모든 것을 빼앗기고 내일의 생사조차 알 수 없는 절망 속에서, 어떤 사람들은 삶을 포기했지만 어떤 사람들은 끝까지 인간의 존엄을 지키며 살아남았습니다. 그 차이는 건강이나 체력이 아니었습니다.

바로 자신이 살아야 할 이유, 즉 '의미'를 가지고 있었는가.
사랑하는 가족을 다시 만나야 한다는 의미, 끝내야 할 연구 과제가 있다는 의미... 그 '의미'가 그들을 살아있게 만들었다는 '기록'은, 방황하던 저의 마음을 붙들어주었습니다.

그렇다면 저는 어떻게 의미를 발견할 수 있었을까요?

 프랭클은 삶의 의미가 추상적인 곳에 있는 것이 아니라, 구체적인 삶의 순간들 속에서 발견될 수 있다며 세 가지 길을 제시했습니다. 이 세 가지 길은 저에게 나침반이 되어주었습니다.

창조 가치 (Creative Values)
 무언가를 '창조'함으로써 우리가 세상에 무언가를 내어놓는 행위를 통해 삶의 의미를 찾을 수 있습니다. 저는 이것이 예술 작품 같은 거창한 것만을 의미하지 않는다는 것을 깨달았습니다. 일을 통해 무언가를 만들어내고, 정원을 가꾸고, 따뜻한 식사를 준비하고, 다른 사람을 돕는 '이런 글을 쓰는' 등, 세상에 긍정적인 무언가를 기여하는 모든 활동이 여기에 해당되었습니다.

경험 가치 (Experiential Values)
 무언가를 '경험'함으로써 세상이 우리에게 주는 것을 충만하게 경험하고 받아들임으로써 의미를 발견하는 길입니다. 아름다운 자연에 감탄하는 것, 훌륭한 음악을 감상하는 것, 그리고 가장 중요한 누군가를 온전히 사랑하는 '경험'이 여기에 속합니다. 프랭클 자신도 수용소에서 아내의 모습을 떠올리는 사랑의 경험을 통해 가장 혹독한 순간을 견뎌냈습니다.

태도 가치 (Attitudinal Values)

'어떤 태도를 취하는가'를 통해 제게 가장 큰 울림을 준 것은 바로 이 '태도 가치'였습니다. 창조도, 경험도 불가능한, 피할 수 없는 고통의 상황에 처했을 때, 우리에게는 마지막 자유가 남아있다는 것이죠. 바로 '그 고통에 대해 어떤 태도를 취할 것인가를 선택할 자유'입니다.

상황 자체는 바꿀 수 없었지만, 그 안에서 어떻게 행동할지는 개인이 선택할 수 있었습니다. 프랭클은 이처럼 피할 수 없는 시련을 용감하게 받아들이고, 그것을 자신의 정신적 성장으로 승화시키는 '태도' 속에서 삶의 가장 숭고한 의미를 찾을 수 있다고 역설했습니다.

빅터 프랭클의 의미치료는 저에게 이렇게 말해주었습니다. "우리는 삶에 '삶의 의미가 무엇인가?'라고 질문할 것이 아니라, 삶으로부터 '너는 너의 삶을 어떻게 의미 있게 만들 것인가?'라는 질문을 받고 있는 존재다."

어떤 절망적인 상황에 처해있더라도, 의미를 찾을 수 있는 가능성은 우리 삶의 마지막 순간까지 사라지지 않으며, 그 의미를 찾아 나서는 여정 자체가 우리를 구원할 것이라는 강력한 희망의 메시지를 독자님과 '공유'하고 싶습니다.

고통을 대하는 태도: 시련을 성장의 발판으로 바꾸는 법

 고통과 시련을 대하는 저의 '태도'가, 그 경험이 저를 무너뜨리는 좌절이 될지, 아니면 한 단계 더 성장시키는 발판이 될지를 결정하는 가장 중요한 열쇠였습니다.

 시련을 성장의 발판으로 바꾸는 것은 고통을 억지로 긍정하거나 괜찮은 척하는 것이 아니었습니다. 그 '경험'을 통해 의미를 발견하고, 배움을 얻어, 더 지혜로운 나로 나아가는 능동적인 '과정'이었습니다.

[1단계: 저항을 멈추고 고통을 인정하기]

 제가 가장 먼저 해야 했던 일은, "왜 나에게 이런 일이 일어났을까?"라며 현실을 부정하고 저항하는 마음을 멈추는 것이었습니다.

 고통스러운 감정과 상황을 피하지 않고, "지금 내가 힘들구나", "이것이 지금 나에게 일어난 현실이구나" 하고 있는 그대로 인정하고 받아들이는 것. 그것이 변화의 출발점이었습니다. 고통을 인정하는 것은 패배가 아니라, 상황을 직시하는 용기 있는 첫걸음이었습니다.

[2단계: 질문의 방향을 바꾸어 의미 찾기]

 고통 그 자체에는 아무런 의미가 없을 수 있습니다. 의미는 제가 그 고통에 어떤 질문을 던지고, 어떤 태도를 취하는가를 통해 '부여'되는 것이었습니다.

과거를 향한 질문 (Why?)

"왜 하필 나에게 이런 일이 생겼지?"
 이 질문은 저를 피해자 의식과 무력감에 머물게 했습니다.

미래를 향한 질문 (What & How?)

"이 경험이 나에게 무엇을 가르쳐주고 있는가?", "이 시련을 통해 나는 어떻게 더 강해질 수 있을까?"

이 질문은 저를 상황의 주체로 만들었고, 고통 속에서 배움과 성장의 가능성을 찾게 했습니다.

이 '질문의 전환'이 바로 빅터 프랭클이 말한 '태도 가치'의 실현이며, 시련의 의미를 발견하는 저의 핵심 '기록'입니다.

[3단계: '나의 성장 스토리'로 재해석하기]

모든 시련은 제 삶의 이야기에서 하나의 챕터가 되었습니다. 저는 그 챕터를 '비극'으로 끝맺을 수도, '성장'의 서막으로 다시 쓸 수도 있었습니다.

 저는 저의 고통스러운 경험을 '성장 스토리'의 관점에서 재해석하는 '연습'을 시작했습니다.
"그 끔찍한 실패 덕분에, 나는 나의 진짜 강점을 발견할 수 있었다."
"그 사람과의 아픈 이별을 통해, 나는 비로소 나 자신을 사랑하는 법을 배우게 되었다."

"그 병을 앓고 나서야, 나는 당연하게 여겼던 하루하루가 얼마나 소중한지 깨닫게 되었다."

이처럼 저의 경험을 성장의 서사로 다시 쓰는 과정을 통해, 저는 과거의 상처에 발목 잡히는 대신, 그 상처를 디딤돌 삼아 더 단단하고 지혜로운 미래로 나아갈 수 있었습니다.

 어쩌면 고통은 우리를 부서뜨리러 오는 것이 아니라, 우리 안에 숨겨진 더 큰 잠재력을 깨우러 오는 것일지도 모른다는 희망을 품게 되었습니다.

창조 가치, 경험 가치, 태도 가치: 일상에서 의미를 찾는 세 가지 길

빅터 프랭클은 삶의 의미가 거창하거나 추상적인 것이 아닌, 우리의 구체적인 일상 속에서 발견될 수 있다고 강조했습니다.

저는 이 세 가지 길이 제가 어떤 상황에 처해 있든, 매일의 삶 속에서 의미를 찾고 실현할 수 있는 실용적인 나침반이 되어준다는 것을 '체험'했습니다. 제가 일상에서 이 가치들을 어떻게 '기록'하고 있는지 '공유'합니다.

창조 가치 (Creative Values) 세상에 무언가를 내어놓는 기쁨

창조 가치는 저의 재능이나 노력을 통해 세상에 무언가를 만들어내고 기여하는 행위에서 의미를 찾는 길이었습니다.

직장에서 맡은 업무를 책임감 있게 완수하여 동료들에게 도움을 주는 것.
가정에서 가족을 위해 정성껏 저녁 식사를 준비하는 것.
일상에서 작은 텃밭을 가꾸어 생명을 키워내는 것, 혹은 저의 경험을 담아 지금 이 글을 쓰는 것.

 이처럼 제가 가진 무언가를 세상에 내어놓아 긍정적인 영향을 미칠 때, 저는 제 존재가 가치 있고 의미 있다는 감각을 느꼈습니다.

경험 가치 (Experiential Values), 세상의 아름다움을 받아들이는 충만함

경험 가치는 세상이 제게 제공하는 아름다움, 선함, 진실을 온전히 받아들이고 '경험'하는 것에서 의미를 찾는 길이었습니다. 이것은 성취가 아니라, 순간을 깊이 '음미'하는 저의 태도와 관련이 있었습니다.

자연 속에서 저녁노을의 아름다움에 숨죽이고 감탄하는 순간.
예술을 통해 좋아하는 음악에 온전히 몰입하거나, 영화를 보며 깊은 감동을 느끼는 순간.
관계를 통해 사랑하는 사람의 눈을 바라보며 깊은 연결감을 느끼고, 그의 존재 자체에 감사하는 순간.
세상의 아름다움을 알아보고 감탄할 수 있는 능력, 그리고 타인과 진실한 사랑을 나눌 수 있는 능력은 그 자체로 제 삶을 의미

태도 가치 (Attitudinal Values), 피할 수 없는 운명에 맞서는 존엄성

태도 가치는 세 가지 길 중 제게 가장 숭고한 울림을 주었으며, 인간의 궁극적인 자유와 연결되었습니다. 이는 질병, 상실, 죽음과 같이 피할 수 없는 고통스러운 운명에 처했을 때, 우리가 어떤 '태도'를 선택하는가에서 의미를 찾는 길이었습니다.

불치병 진단을 받았지만, 절망보다 남은 시간을 사랑하는 사람들과의 관계에 집중하며 품위 있게 보내기로 선택하는 태도. 큰 실패로 모든 것을 잃었지만, "이 경험을 통해 나는 무엇을 배울 것인가"를 질문하며 다시 일어서려는 태도. 상황 자체는 우리를 불행하게 만들 수 있지만, 그 상황에 어떤 의미를 부여하고 어떤 태도를 취할 것인지는 오롯이 '나의 선택'에 달려있다는 깨달음. 프랭클은 이 마지막 자유를 통해, 인간은 어떤 시련 속에서도 삶의 의미를 실현할 수 있는 존엄한 존재임을 증명했습니다.

이 세 가지 길은 매일 저에게 묻습니다. "오늘 당신은 무엇을 창조했나요? 무엇을 아름답게 경험했나요? 그리고 주어진 상황에 어떤 태도를 취했나요?" 이 질문에 답하는 과정 속에 바로 우리의 의미 있는 삶이 펼쳐져 있습니다.

나만의 '삶의 의미 선언문' 작성하기

이 모든 깨달음을 그저 머릿속에 두는 것이 아니라, 제 가슴에 새기고 삶의 나침반으로 삼기 위해, 저는 '나만의 삶의 의미 선언문'을 '기록'해보기로 했습니다. 이는 인생이라는 여정에서 길을 잃지 않도록 저를 도와주는 개인적인 헌법이자 나침반과 같습니다. 제가 무엇을 위해 살고, 어떤 가치를 추구하며, 어려움 속에서 어떤 사람이 되고 싶은지를 명확히 밝히는 글이죠.

이 선언문은 거창할 필요가 없었습니다. 그저 저 자신에게 가장 진실하고, 저의 가슴을 뛰게 하는 문장이면 충분했습니다. 독자님도 저와 함께, 이 선언문을 작성하는 여정에 동참해보시는 것은 어떨까요? 제가 '체험'한 과정을 '공유'합니다.

[1단계: 제가 스스로에게 던졌던 질문들]

선언문을 작성하기 전, 조용한 공간에서 깊이 생각해보고 떠오르는 생각들을 자유롭게 적어보았습니다.

(창조 가치) 나는 세상에 무엇을 주고 싶은가? 어떤 일을 할 때 가장 살아있음을 느끼는가?

(경험 가치) 나는 무엇을 온전히 느끼고 사랑하고 싶은가? 내 삶에서 가장 소중한 관계나 경험은 무엇인가?

(태도 가치) 나는 어떤 시련 앞에서 어떻게 행동하고 싶은가? 어떤 사람으로 기억되고 싶은가?

[2단계: 저의 핵심 가치와 키워드 추출하기]

위 질문에 대한 답변들 속에서 반복적으로 나타나는 단어, 즉 저의 핵심 가치를 3~5개 정도 찾아보았습니다. (예시: 성장, 연결, 치유, 사랑, 지혜, 용기, 나눔, 평온)

[3단계: 저의 선언문 초안 작성 및 다듬기]

추출한 핵심 가치와 키워드를 조합하여, 저의 목소리가 담긴 짧고 힘 있는 문장으로 선언문을 만들었습니다.

[저의 선언문 예시]

(예시 1, 치유와 성장을 중심으로) "나는 '사랑'과 '연결'의 가치를 바탕으로, '글쓰기'와 '명상'을 통해(창조) 다른 사람들의 내면 치유와 성장을 돕고, 삶의 모든 순간에서 '아름다움'과 '감사함'을 발견하며(경험) 충만하게 살아간다. 어떠한 고통 속에서도 '희망'을 선택하는 '용기' 있는 태도(태도)로 나의 길을 걸어간다."

(예시 2, 더 간결한 형태) "나의 사명은 나 자신의 상처를 치유하고 성장한 '경험'을 바탕으로, 다른 이들이 자신의 고유한 삶의 의미를 찾도록 돕는 따뜻한 '안내자'(창조)가 되는 것이다."

저는 이 선언문을 제 노트 첫 장에 적어두고 매일 읽어봅니다. 삶의 중요한 선택의 기로에 설 때마다, 이 선언문은 제가 가장 '저다운' 길을 선택할 수 있도록 돕는 지혜로운 등불이 되어주었습니다.

독자님의 가슴을 뛰게 하는
선언문은 무엇인가요?

이 글을 마치며

웰니스 라이프, 균형과 조화 속에서 피어나는 삶

네 가지 요소의 유기적 연결: 나만의 웰니스 루틴 만들기

치유를 넘어 성장으로, 온전한 '나'로 살아가기

에필로그

웰니스 라이프, 균형과 조화 속에서 피어나는 삶

우리는 긴 여정을 함께 걸어왔습니다.

멈춤을 통해 내면의 소리를 듣는 명상의 문을 열었고, 몸과 마음을 채우는 식단의 지혜를 나누었으며, 살아있음의 생명력을 느끼는 운동의 즐거움을 이야기했습니다. 그리고 이 모든 것을 아우르는 심리의 길 위에서 삶의 의미를 발견하는 법을 탐색했습니다.

이제 책의 마지막 장을 덮으며, 부디 이 네 가지 길이 서로 흩어져 있는 숙제가 아니라, '나'라는 이름의 아름다운 정원을 가꾸는 네 가지 필수 도구임을 기억해 주셨으면 합니다.

어느 날 마음이 소란할 때는 명상의 호흡으로 고요함을 되찾고, 몸이 무겁게 느껴질 때는 건강한 식단으로 가볍게 비워내 주세요.

이유 없는 무기력에 빠졌을 땐, 문을 열고 나가 걸으며 땅의 에너지를 느끼고, 삶의 방향을 잃은 듯할 땐, 내면의 가치에 귀 기울이며 길을 다시 찾으면 됩니다.

웰니스 라이프는 완벽해지는 것이 목표가 아닙니다.

때로는 균형이 무너지고 조화가 깨어질 수도 있습니다. 괜찮습니다. 중요한 것은 넘어진 자신을 다정하게 일으켜 세우고, 다시 나의 몸과 마음에 필요한 것을 섬세하게 채워주려는 따뜻한 관심과 태도입니다.

이 책은 당신의 손을 잡고 여정의 시작점까지 안내하는 지도였습니다. 이제부터는 당신만의 지도를 그려나갈 시간입니다.

당신의 일상 속에서, 당신만의 속도로, 당신만의 웰니스 라이프를 아름답게 피워내시길 진심으로 응원합니다.

부록

당신은 이미 당신의 삶을 조화롭게 가꿀 수 있는 지혜로운 정원사입니다.

네 가지 요소의 유기적 연결: 나만의 웰니스 루틴 만들기

 명상, 식단, 운동, 심리라는 네 가지 요소는 서로 독립된 것이 아니라 톱니바퀴처럼 맞물려 돌아가는 하나의 유기적인 시스템입니다. 이 연결고리를 이해하고 자신만의 루틴을 만드는 것이 지속 가능한 웰니스 라이프의 핵심입니다.

네 가지 요소는 어떻게 서로를 강화하는가?

 하나의 긍정적인 행동은 다른 영역에 연쇄적으로 좋은 영향을 미칩니다.

 아침 명상 (심리/명상)으로 하루를 시작하면, 차분한 마음으로 건강한 아침 식사 (식단)를 선택할 가능성이 높아집니다.

 건강한 식사는 몸에 활력을 주어 움직이고 싶은 에너지 (운동)를 만들어 줍니다.

 가벼운 산책이나 운동은 스트레스를 해소하고 숙면을 도와, 다음 날 안정적인 마음 상태 (심리)로 이어지게 합니다.

반대로, 하나의 부정적인 요소는 다른 모든 것을 무너뜨릴 수 있습니다.

스트레스(심리)로 폭식(식단)을 하면, 몸이 무거워져 움직이기(운동) 싫어지고, 이는 다시 우울감과 자기혐오(심리)로 이어지는 악순환이 반복됩니다.

나만의 웰니스 루틴을 만드는 3단계

'완벽한' 루틴을 따르려 하기보다, 현재 나의 생활 패턴에 자연스럽게 스며들 수 있는 작고 지속 가능한 루틴을 만드는 것이 중요합니다.

1. 현재 상태 파악하고, 가장 쉬운 '연결고리' 찾기

먼저 네 가지 영역에서 내가 가장 쉽게 시작할 수 있는 행동 하나씩을 정합니다. 거창할 필요가 없습니다.

명상, 1분 심호흡
식단, 물 한 잔 더 마시기
운동, 엘리베이터 대신 계단 이용
심리, 잠들기 전 감사한 일 한 가지 생각하기

2. 아침과 저녁 '의식(Ritual)' 만들기

하루의 시작과 끝은 우리 몸과 마음의 스위치를 켜고 끄는 중요한 시간입니다. 이 시간에 네 가지 요소를 결합한 간단한 '의식'을 만들어보세요.

[아침 웰니스 루틴 (15분)]
일어나자마자 (식단/심리) 물 한 잔을 마시며, 몸을 깨우고 오늘 하루 긍정적인 의도를 세웁니다. ("오늘은 나에게 친절한 하루를 보내야지.")
침대 옆에서 (운동/명상) 5분간 간단한 스트레칭을 하며, 몸의 감각과 호흡에 집중합니다.
아침 식사 (식단) 스마트폰 없이, 음식을 천천히 씹으며 맛과 향에 집중합니다.

[저녁 웰니스 루틴 (15분)]
잠들기 전 (심리) 오늘 있었던 감사한 일 3가지를 간단히 기록합니다. (감사 일기)
방 안에서 (운동/명상) 5분간 가벼운 이완 스트레칭이나 바디스캔 명상을 하며 하루의 긴장을 풀어줍니다.
따뜻한 차 (식단) 카페인이 없는 캐모마일 차를 마시며 몸과 마음을 이완시킵니다.

3. 주간 단위로 '테마' 정하기

 매일 모든 것을 완벽하게 하려는 부담을 내려놓고, 요일별로 조금 더 집중할 영역을 정하는 것도 좋은 방법입니다.

월요일: '마음 챙김의 날' (식사 명상, 걷기 명상에 집중)
수요일: '에너지 충전의 날' (평소보다 조금 더 활동적인 운동 시도)
금요일: '관계 회복의 날' (가족/친구와 건강한 식사를 함께 나누기)
일요일: '온전한 휴식의 날' (자연 속에서 산책, 충분한 수면)

 나만의 웰니스 루틴은 엄격한 규칙이 아니라, 나 자신을 더 잘 돌보기 위한 다정한 약속입니다.

 자신의 에너지 수준과 상황에 맞게 유연하게 조절하며, 네 가지 요소가 조화롭게 어우러지는 즐거움을 느껴보시길 바랍니다.

치유를 넘어 성장으로, 온전한 '나'로 살아가기

 우리의 여정은 '치유'에서 시작되었습니다.

 상처 입은 마음을 다독이고, 지친 몸을 돌보며, 깨어진 균형을 바로잡는 시간은 우리에게 꼭 필요한 과정이었습니다.

마치 금이 간 그릇의 조각들을 정성껏 맞추고 아물게 하는 것처럼, 우리는 지난 시간 동안 흩어진 자신의 조각들을 하나하나 찾아 안아주었습니다.

하지만 우리의 여정은 단순히 과거의 모습으로 '회복'하는 것에서 끝나지 않습니다. 진정한 웰니스의 길은 치유를 넘어 성장으로 나아가는 데 있습니다.

상처가 아문 자리는 더 이상 약점이 아닙니다. 그곳은 오히려 가장 단단한 힘과 가장 깊은 지혜가 깃드는 자리가 됩니다.

일본의 '킨츠기(Kintsugi)' 공예는 깨진 그릇을 옻칠과 금가루로 메워, 이전보다 더 독특하고 아름다운 예술 작품으로 재탄생시킵니다. 깨어짐의 흔적을 숨기지 않고, 오히려 금빛으로 빛나게 하여 그릇의 고유한 역사와 가치를 드러내는 것입니다.

우리의 삶도 이와 같습니다.

상처를 겪고 치유해 본 경험은 우리를 더 깊이 있는 존재로 성장시킵니다.

타인의 아픔에 더 깊이 공감할 수 있게 하고, 사소한 일상에 더 깊이 감사하게 하며, 시련 앞에서 더 단단히 서 있을 수 있는 용기를 줍니다.

상처는 우리를 부서뜨리러 오는 것이 아니라, 우리를 더 찬란하게 빛나게 할 '금빛 흔적'을 남기기 위해 오는 것일지도 모릅니다.

이 성장의 길 끝에서, 우리는 비로소 '온전한 나'를 만나게 됩니다.

 '온전한 나'란 결코 흠 하나 없는 완벽한 존재를 의미하지 않습니다.

 그것은 나의 밝은 면과 어두운 면, 강점과 약점, 과거의 상처와 미래의 가능성까지, 나의 모든 조각들을 있는 그대로 끌어안고 사랑하는 존재입니다.

 더 이상 외부의 기준에 나를 맞추려 애쓰지 않고, 내면의 목소리에 귀 울이며 나다운 삶을 창조해나가는 용기 있는 존재입니다.

 명상, 식단, 운동, 그리고 심리의 네 가지 도구는 이제 단순히 나를 치유하는 약을 넘어, 온전한 나라는 집을 짓고 가꾸는 일상의 즐거운 습관이 될 것입니다.

윗목에서 찾은 내 삶의 이유

 혹시 당신도 '나는 왜 태어났을까?'라는 질문을 삶의 어느 순간부터 절박하게 품고 살아오셨나요?

 저의 시작은 병원의 따뜻한 인큐베이터가 아닌, 집의 차가운 '윗목'이었습니다. 미숙아로, 4자매 중 셋째로 태어난 저는 그 누구의 기쁨도 되지 못했습니다.

 친할머니는 갓 태어난 저를 이불에 말아 그렇게 방의 차가운 구석에 두셨습니다.

 그것이 '존재'를 부정당한 제 삶의 첫 장면이었습니다.

 '쓸모없는 아이', '귀찮은 존재'라는 무언의 낙인은 자라면서 늘 저를 따라다녔습니다.

 몸도 약하고 모든 것이 느린 저는, 그 낙인을 지우기 위해 필사적으로 '쓸모'를 증명해야 했습니다.

 "그럼에도 불구하고, 나는 왜 태어났을까? 반드시 이유가 있을 거야!"

 그 질문 하나를 붙들고 끈질기게 생명을 이어왔지만, 삶은 저에게 또다시 '쓸모'에 대한 가혹한 질문을 던졌습니다.

아이가 생기지 않는다는 이유로 겪은 첫 번째 이혼.

그리고 "아이가 없어도 된다"는 약속을 믿었지만 불과 6개월 만에 같은 이유로 맞이한 두 번째 이혼.

저의 존재 가치는 다시 한번 산산조각 났습니다.

저는 사랑이라 믿었던 관계 안에서조차 '쓸모'로 판단 당하고 '쓸모없음'으로 버려진 존재였습니다.

모든 것이 무너진 그 벼랑 끝에서, 저는 비로소 '남'이 아닌 '나'를 위해 스스로를 치유하기로 마음먹었습니다.

문화예술치유학 석사 과정은 저 자신을 위한 마지막 동아줄이자, 첫 번째 선물이었습니다.

공부하고 명상하며, 처음으로 제 안의 '참 나'를 만나는 여정을 시작했습니다.

차가운 윗목에 울고 있던 그 아이를 지금의 제가 비로소 따뜻하게 안아주었습니다.

그리고 깨달았습니다.

나에게 아이가 허락되지 않은 이유는, '세상의 모든 아이가 내 아이'가 되라는 뜻이었음을.

내가 그토록 존재를 부정당하며 아팠던 이유는, 과거의 나처럼 자신의 빛을 보지 못하고 어둠 속에 웅크린 이들의 빛을 꺼내주는 '안내자'가 되기 위함이었음을.

저의 가장 깊은 상처가, 실은 저의 가장 빛나는 사명이었습니다.

이 책, 〈웰니스 치유 인문학의 여정〉은 차가운 윗목에서 시작해 '상처받은 치유자'로 다시 태어나기까지, 저의 상처가 별이 되기까지의 모든 여정을 담았습니다.

또한 그 길에서 만난 '인문학'이라는 지혜와 '치유'라는 실천의 기록입니다.

만약 지금, 당신이 삶의 차가운 윗목에 홀로 놓인 듯한 기분이라면, 자신의 존재 가치를 의심하며 괴로워하고 있다면, 이 책이 당신의 '참 나'를 만나는 여정에 따뜻한 '아랫목'이 되어줄 수 있기를 간절히 기도합니다.

당신은 존재 그 자체로 이미 빛나고 있습니다.

그 빛을 찾는 여정에, 저의 이야기가 작은 등불이 되길 바랍니다.

상처받은 치유자, 서연하 드림

1. 나의 '윗목' 돌아보기: 내 안의 상처 마주하기

저의 '윗목'은 태어난 순간부터 존재를 부정당했던 경험이었습니다. 그것은 제 삶 내내 '나는 쓸모없어'라는 차가운 낙인이 되었습니다.

Q. 당신의 삶에서 가장 차갑게 느껴졌던 '윗목'은 무엇인가요?

당신을 가장 움츠러들게 만들었던 순간이나, 반복적으로 들었던 부정적인 말일 수 있습니다.

Q. 그 '윗목'에서, 당신은 스스로에 대해 어떤 믿음 (낙인)을 갖게 되었나요?

예) "나는 사랑받을 자격이 없어.", "나는 늘 부족해.", "나는 귀찮은 존재야."

2. 내 안의 '참 나' 만나기: 낙인 너머의 나 발견하기

저는 '쓸모'라는 낙인 뒤에 가려진, 존재 자체로 소중한 '참 나'를 만나기 위해 긴 시간을 보냈습니다.

Q. 위에서 적은 그 차가운 믿음(낙인)을 잠시 옆에 둔다면, 당신의 '참 나'는 어떤 모습인가요? 당신이 가진 고유한 빛은 무엇이라고 생각하세요?

누군가의 평가나 '쓸모'와 상관없이, 당신이 가지고 있는 고유한 성품이나 강점.

Q. 아무런 '쓸모'를 증명하지 않아도, 당신이 존재 자체로 소중한 이유는 무엇일까요?

스스로에게 다정한 목소리로 말해주세요.

3. 나에게 '아랫목' 선물하기: 일상 속 웰니스 실천하기

저는 저를 치유하기로 마음먹은 후, '나에게 따뜻한 밥 한 끼 대접하기' 처럼 저 자신을 돌보는 일(아랫목)을 실천하기 시작했습니다.

Q. 오늘, 차가운 '윗목'에 여전히 웅크리고 있을지 모를 내 안의 아이(나)를 위해, 당신이 선물해 줄 수 있는 따뜻한 '아랫목'은 무엇인가요?

[ ] 나를 위한 건강하고 따뜻한 음식 차려주기

[ ] 10분간 스마트폰을 끄고 조용히 명상하기

[ ] 나를 비난하는 대신 "괜찮아, 애썼어"라고 말해주기

[ ] 내가 좋아하는 향기 속에서 편안히 쉬기

[ ] 따뜻한 물로 샤워하며 내 몸을 소중히 어루만져주기

[ ] 기타:

_____
_____
_____
_____
_____
_____
_____
_____
_____
_____

Q. 오늘 내가 나를 위해 실천할 한 가지를 구체적으로 적고, 꼭 실행해 보세요.

4. 나의 상처가 '사명'이 되는 순간: 빛을 발견하기

저는 저의 가장 깊은 상처가, 오히려 저처럼 아픈 이들의 빛을 꺼내주는 '사명'이 됨을 깨달았습니다. 당신의 상처 역시, 당신을 특별하게 만드는 고유한 자원입니다.

Q. 당신의 그 아픈 경험('윗목')이, 오히려 당신을 다른 사람과 깊이 공감하게 하거나, 당신만이 할 수 있는 특별한 강점이 될 수 있다면 무엇일까요?

Q. 당신의 상처가 '빛'이 된다면, 그 빛으로 누구를, 혹은 무엇을 비추고 싶으신가요?

당신의 존재 이유, 당신의 '사명'에 대한 첫 번째 스케치입니다.

이 글을 적은 당신에게

기억하세요. 당신의 '윗목'이 아무리 차가웠다 해도,
당신 안의 '참 나'는 한순간도 빛나지 않은 적이
없습니다.
당신은 존재 자체로 이미 완벽한 이유입니다.
당신의 치유 여정을 온 마음으로 응원합니다.

나의 치유의 식탁 (기록 예시)

▶날짜: 202_년 __월 __일 _요일

▶식사: 저녁

▶내가 먹은 음식: 따뜻한 버섯 들깨탕과 두부구이

▶몸은 무어라 말했나요? (식사 전후): (전) 하루 종일 긴장해서인지 속이 서늘했다. (후) 속이 따뜻하게 채워지며 몸의 긴장이 풀리는 느낌.

▶마음은 어땠나요?: '애썼다'는 위로를 받는 기분. 자극적이지 않은 고소함이 나를 부드럽게 안아주는 것 같았다.

▶'참 나'에게 전하는 한마디: "오늘 하루도 나를 돌보느라 고생했어. 이 따뜻한 온기로 너를 지켜줄게."

나의 치유의 식탁

날짜:　　　　　　　　　　　　　　**DAY 1**

식사
(아침/점심/저녁/간식)

내가 먹은 음식

몸은 무어라 말했나요?
(식사 전후의 감각)

마음은 어땠나요?
(음식을 먹으며 든 생각, 감정)

'참 나'에게 전하는 한마디
(이 음식이 나에게 준 의미)

나의 치유의 식탁

날짜: DAY 2

식사 (아침/점심/저녁/간식)	
내가 먹은 음식	
몸은 무어라 말했나요? (식사 전후의 감각)	
마음은 어땠나요? (음식을 먹으며 든 생각, 감정)	
'참 나'에게 전하는 한마디 (이 음식이 나에게 준 의미)	

나의 치유의 식탁

날짜: DAY 3

식사
(아침/점심/저녁/간식)

내가 먹은 음식

몸은 무어라 말했나요?
(식사 전후의 감각)

마음은 어땠나요?
(음식을 먹으며 든 생각, 감정)

'참 나'에게 전하는 한마디
(이 음식이 나에게 준 의미)

나의 치유의 식탁

날짜:　　　　　　　　　　　　**DAY 4**

식사 (아침/점심/저녁/간식)	
내가 먹은 음식	
몸은 무어라 말했나요? (식사 전후의 감각)	
마음은 어땠나요? (음식을 먹으며 든 생각, 감정)	
'참 나'에게 전하는 한마디 (이 음식이 나에게 준 의미)	

나의 치유의 식탁

날짜: 　　　　　　　　　　　　**DAY 5**

식사
(아침/점심/저녁/간식)

내가 먹은 음식

몸은 무어라 말했나요?
(식사 전후의 감각)

마음은 어땠나요?
(음식을 먹으며 든 생각, 감정)

'참 나'에게 전하는 한마디
(이 음식이 나에게 준 의미)

나의 치유의 식탁

날짜: DAY 6

식사 (아침/점심/저녁/간식)	
내가 먹은 음식	
몸은 무어라 말했나요? (식사 전후의 감각)	
마음은 어땠나요? (음식을 먹으며 든 생각, 감정)	
'참 나'에게 전하는 한마디 (이 음식이 나에게 준 의미)	

나의 치유의 식탁

날짜: **DAY 7**

식사
(아침/점심/저녁/간식)

내가 먹은 음식

몸은 무어라 말했나요?
(식사 전후의 감각)

마음은 어땠나요?
(음식을 먹으며 든 생각, 감정)

'참 나'에게 전하는 한마디
(이 음식이 나에게 준 의미)

나의 치유의 식탁

날짜: DAY 8

식사 (아침/점심/저녁/간식)	
내가 먹은 음식	
몸은 무어라 말했나요? (식사 전후의 감각)	
마음은 어땠나요? (음식을 먹으며 든 생각, 감정)	
'참 나'에게 전하는 한마디 (이 음식이 나에게 준 의미)	

나의 치유의 식탁

날짜: 　　　　　　　　　　　**DAY 9**

식사
(아침/점심/저녁/간식)

내가 먹은 음식

몸은 무어라 말했나요?
(식사 전후의 감각)

마음은 어땠나요?
(음식을 먹으며 든 생각, 감정)

'참 나'에게 전하는 한마디
(이 음식이 나에게 준 의미)

나의 치유의 식탁

날짜:　　　　　　　　　　　　　**DAY 10**

식사 (아침/점심/저녁/간식)	
내가 먹은 음식	
몸은 무어라 말했나요? (식사 전후의 감각)	
마음은 어땠나요? (음식을 먹으며 든 생각, 감정)	
'참 나'에게 전하는 한마디 (이 음식이 나에게 준 의미)	

나의 치유의 식탁

날짜:　　　　　　　　　　　　DAY 11

식사
(아침/점심/저녁/간식)

내가 먹은 음식

몸은 무어라 말했나요?
(식사 전후의 감각)

마음은 어땠나요?
(음식을 먹으며 든 생각, 감정)

'참 나'에게 전하는 한마디
(이 음식이 나에게 준 의미)

나의 치유의 식탁

날짜: DAY 12

식사 (아침/점심/저녁/간식)	
내가 먹은 음식	
몸은 무어라 말했나요? (식사 전후의 감각)	
마음은 어땠나요? (음식을 먹으며 든 생각, 감정)	
'참 나'에게 전하는 한마디 (이 음식이 나에게 준 의미)	

나의 치유의 식탁

날짜: DAY 13

식사
(아침/점심/저녁/간식)

내가 먹은 음식

몸은 무어라 말했나요?
(식사 전후의 감각)

마음은 어땠나요?
(음식을 먹으며 든 생각, 감정)

'참 나'에게 전하는 한마디
(이 음식이 나에게 준 의미)

나의 치유의 식탁

날짜:　　　　　　　　　　　　　**DAY 14**

식사 (아침/점심/저녁/간식)	
내가 먹은 음식	
몸은 무어라 말했나요? (식사 전후의 감각)	
마음은 어땠나요? (음식을 먹으며 든 생각, 감정)	
'참 나'에게 전하는 한마디 (이 음식이 나에게 준 의미)	

나의 치유의 식탁

날짜: DAY 15

식사
(아침/점심/저녁/간식)

내가 먹은 음식

몸은 무어라 말했나요?
(식사 전후의 감각)

마음은 어땠나요?
(음식을 먹으며 든 생각, 감정)

'참 나'에게 전하는 한마디
(이 음식이 나에게 준 의미)

나의 치유의 식탁

날짜:　　　　　　　　　　　　DAY 16

식사 (아침/점심/저녁/간식)	
내가 먹은 음식	
몸은 무어라 말했나요? (식사 전후의 감각)	
마음은 어땠나요? (음식을 먹으며 든 생각, 감정)	
'참 나'에게 전하는 한마디 (이 음식이 나에게 준 의미)	

나의 치유의 식탁

날짜: 　　　　　　　　　　DAY 17

식사
(아침/점심/저녁/간식)

내가 먹은 음식

몸은 무어라 말했나요?
(식사 전후의 감각)

마음은 어땠나요?
(음식을 먹으며 든 생각, 감정)

'참 나'에게 전하는 한마디
(이 음식이 나에게 준 의미)

나의 치유의 식탁

날짜: DAY 18

식사 (아침/점심/저녁/간식)	
내가 먹은 음식	
몸은 무어라 말했나요? (식사 전후의 감각)	
마음은 어땠나요? (음식을 먹으며 든 생각, 감정)	
'참 나'에게 전하는 한마디 (이 음식이 나에게 준 의미)	

나의 치유의 식탁

날짜: DAY 19

식사
(아침/점심/저녁/간식)

내가 먹은 음식

몸은 무어라 말했나요?
(식사 전후의 감각)

마음은 어땠나요?
(음식을 먹으며 든 생각, 감정)

'참 나'에게 전하는 한마디
(이 음식이 나에게 준 의미)

나의 치유의 식탁

날짜: DAY 20

식사 (아침/점심/저녁/간식)	
내가 먹은 음식	
몸은 무어라 말했나요? (식사 전후의 감각)	
마음은 어땠나요? (음식을 먹으며 든 생각, 감정)	
'참 나'에게 전하는 한마디 (이 음식이 나에게 준 의미)	

나의 치유의 식탁

날짜: DAY 21

식사
(아침/점심/저녁/간식)

내가 먹은 음식

몸은 무어라 말했나요?
(식사 전후의 감각)

마음은 어땠나요?
(음식을 먹으며 든 생각, 감정)

'참 나'에게 전하는 한마디
(이 음식이 나에게 준 의미)

나의 치유의 식탁

날짜: 　　　　　　　　　　**DAY 22**

식사 (아침/점심/저녁/간식)	
내가 먹은 음식	
몸은 무어라 말했나요? (식사 전후의 감각)	
마음은 어땠나요? (음식을 먹으며 든 생각, 감정)	
'참 나'에게 전하는 한마디 (이 음식이 나에게 준 의미)	

나의 치유의 식탁

날짜: DAY 23

식사
(아침/점심/저녁/간식)

내가 먹은 음식

몸은 무어라 말했나요?
(식사 전후의 감각)

마음은 어땠나요?
(음식을 먹으며 든 생각, 감정)

'참 나'에게 전하는 한마디
(이 음식이 나에게 준 의미)

나의 치유의 식탁

날짜:　　　　　　　　　　　**DAY 24**

식사 (아침/점심/저녁/간식)	
내가 먹은 음식	
몸은 무어라 말했나요? (식사 전후의 감각)	
마음은 어땠나요? (음식을 먹으며 든 생각, 감정)	
'참 나'에게 전하는 한마디 (이 음식이 나에게 준 의미)	

나의 치유의 식탁

날짜: DAY 25

식사
(아침/점심/저녁/간식)

내가 먹은 음식

몸은 무어라 말했나요?
(식사 전후의 감각)

마음은 어땠나요?
(음식을 먹으며 든 생각, 감정)

'참 나'에게 전하는 한마디
(이 음식이 나에게 준 의미)

나의 치유의 식탁

날짜: 　　　　　　　　　　**DAY 26**

식사 (아침/점심/저녁/간식)	
내가 먹은 음식	
몸은 무어라 말했나요? (식사 전후의 감각)	
마음은 어땠나요? (음식을 먹으며 든 생각, 감정)	
'참 나'에게 전하는 한마디 (이 음식이 나에게 준 의미)	

나의 치유의 식탁

날짜: DAY 27

식사
(아침/점심/저녁/간식)

내가 먹은 음식

몸은 무어라 말했나요?
(식사 전후의 감각)

마음은 어땠나요?
(음식을 먹으며 든 생각, 감정)

'참 나'에게 전하는 한마디
(이 음식이 나에게 준 의미)

나의 치유의 식탁

날짜: DAY 28

식사 (아침/점심/저녁/간식)	
내가 먹은 음식	
몸은 무어라 말했나요? (식사 전후의 감각)	
마음은 어땠나요? (음식을 먹으며 든 생각, 감정)	
'참 나'에게 전하는 한마디 (이 음식이 나에게 준 의미)	

오늘 나의 '치유의 식탁'을 돌아보며 오늘 하루 나를 먹인다는 행위를 통해 무엇을 느꼈는지 자유롭게 적어보세요.

기억하세요.

당신의 존재를 위해 차리는 따뜻한 밥상만큼 거룩한 치유는 없습니다. 최소한 하루 한 끼, 당신의 존재를 축복하는 마음으로 당신을 정성껏 대접해 주세요.

상처받은 치유자, 서연하 드림